广西中华民族共同体意识研究院系列丛书

广西边境地区红色文化资源与铸牢中华民族共同体意识研究

刘金林 卞之峣 蒙思敏 著

中国财经出版传媒集团
中国财政经济出版社

图书在版编目（CIP）数据

广西边境地区红色文化资源与铸牢中华民族共同体意识研究／刘金林，卞之崤，蒙思敏著．––北京：中国财政经济出版社，2023.2

（广西中华民族共同体意识研究院系列丛书）

ISBN 978–7–5223–2018–2

Ⅰ.①广… Ⅱ.①刘…②卞…③蒙… Ⅲ.①中华民族–民族意识–研究–广西 Ⅳ.①C955.2

中国国家版本馆CIP数据核字（2023）第037555号

责任编辑：马　真　　　　　　　　责任校对：张　凡
封面设计：陈宇琰　　　　　　　　责任印制：刘春年

广西边境地区红色文化资源与铸牢中华民族共同体意识研究
GUANGXI BIANJING DIQU HONGSE WENHUA ZIYUAN YU ZHULAO ZHONGHUA
MINZU GONGTONGTI YISHI YANJIU

中国财政经济出版社 出版

URL：http：//www.cfeph.cn

E–mail：cfeph@cfeph.cn

（版权所有　翻印必究）

社址：北京市海淀区阜成路甲28号　邮政编码：100142
营销中心电话：010–88191522
天猫网店：中国财政经济出版社旗舰店
网址：https：//zgczjjcbs.tmall.com
北京财经印刷厂印刷　各地新华书店经销
成品尺寸：170mm×240mm　16开　13印张　200 000字
2023年2月第1版　2023年2月北京第1次印刷
定价：58.00元
ISBN 978–7–5223–2018–2
（图书出现印装问题，本社负责调换）
本社质量投诉电话：010–88190744
打击盗版举报热线：010–88191661　QQ：2242791300

序　　言

　　习近平总书记在庆祝中国共产党成立 95 周年大会上的讲话指出："在 5000 多年文明发展中孕育的中华优秀传统文化，在党和人民伟大斗争中孕育的革命文化和社会主义先进文化，积淀着中华民族最深层的精神追求，代表着中华民族独特的精神标识。"红色文化作为中华文化的重要组成部分，积淀着中华民族最深层的精神追求，代表着中华民族独特的精神标识，这为铸牢中华民族共同体意识提供了精神动力。正如习近平总书记在 2021 年中央民族工作会议上强调："铸牢中华民族共同体意识，就是要引导各族人民牢固树立休戚与共、荣辱与共、生死与共、命运与共的共同体理念。""以铸牢中华民族共同体意识为新时代党的民族工作的主线，推动各民族坚定对伟大祖国、中华民族、中华文化、中国共产党、中国特色社会主义的高度认同，不断推进中华民族共同体建设。"在中国共产党领导下全国各族人民在革命、斗争和建设实践中所形成的红色文化资源，是各族人民休戚与共、荣辱与共、生死与共、命运与共的历史见证和历史印记，也是推动各民族坚定对伟大祖国、中华民族、中华文化、中国共产党、中国特色社会主义的高度认同宣传教育素材。

　　基于红色文化资源与铸牢中华民族共同体意识的密切联系，本书以广西边境地区为研究区域，一是因为广西边境地区具有丰富的红色文化资源，革命时期广西著名的百色起义、龙州起义，便发生在边境地区。中国工农红军第七军、第八军在广西的行军足迹，也主要在边境地区。二是由于广西边境地区作为各民族聚居地，密集生活着壮、瑶、苗、京等少数民族，有些少数民族还是跨境民族，边境地区是广西防范和化解民族领域重大风险隐患的主阵地，坚定各族群众对伟大祖国、中华民族、中华文化、中国共产党、中国特色社会主义的高度认同,牢固树立休戚与共、荣辱与共、生死与共、命运与共的共同体理念,铸牢各族群众的中华民族共同体意识是广西边境地区的重大任务。因此,本书在厘清红色文化资源内涵释义及时代价值的基础上,首先分析了边境地区红色文化资源保护与传承的必要性和利好因素,并基于消费文化理论、文化认同理论、社会认同理论,结合红色文化资源的经济功能、文化功能和教育功能,探讨了红色文化资源增进铸牢中华民族共同体意识的内在机理,从理论层面建立起红色文化资源与铸牢中华民族共同体意识的关联界面。其次,对广西边境地区八个县(市、区)的红色文化资源进行实地调查,摸清了东兴市、防城区、宁明县、凭祥市、龙州县、大新县、靖西市、那坡县红色文化资源的分布概况和保护传承情况,并在此基础上总结出广西边境地区红色文化资源保护与传承的五种模式,分别为"收藏+展示+传播"的模式、"分级+命名+保护"的模式、"游览+体验+教学"的模式、"瞻仰+祭扫+教育"的模式、"挖掘+整理+汇编"的模式。最后,深入剖析广西边境地区红色文化资源保护与传承面临的问题及原因,结合理论分析从融入过程和融入结果双重视角,以作为革命老区、边境地区、民族地区的百色市为例,从过程维度构建评估指标体系对百色市推进红色文化资源融入铸牢中华民族共同体意识所做工作进行评估,从结果维度构建耦合协调度模型实证分析百色市红色文化资源与铸牢中华民族共同体意识的耦合协调度。研究结果表明,百色市红色文化资源与铸牢中华民族共同体意识内部要素之间相互促进作用显著,具有高度耦合;百色市红色文化资源与铸牢中华民族共同体意识已形成良性互动,但协调发展水平有待进一步提高。最后,基于"以红色文化资源促进铸牢中华民族共同体意识工作做深做实、以铸牢中华民族共同体意识工作加强红色文化资源的保护和传承"的思路及红色文化资源保护与传承的基本原则,立足新发展理念提出广西边境地区红色文化资源保护与传承的实践路径,立足现实需要提出广西边境地区红色文化资源保护与传承的保障体系,为进一步促进广西边境地区红色文化资源保护与传承,充分发挥红色文化资源增进广西各族群众对伟大祖国、中华民族、中华文化、中国共产党、中国特色社会主义的高度认同的教育宣传作用,铸牢广西各族群众中华民族共同体意识提供对策建议和政策思路。

目　　录

第一章　绪论 ……………………………………………………………（1）
　　第一节　研究背景 ………………………………………………（1）
　　第二节　国内外文献综述 ………………………………………（5）
　　第三节　研究区域、思路及方法 ………………………………（14）
　　第四节　基本概念的界定 ………………………………………（17）

第二章　红色文化资源的内涵释义及时代价值 ……………………（23）
　　第一节　红色文化资源的内涵释义 ……………………………（23）
　　第二节　红色文化资源的时代价值 ……………………………（26）

第三章　边境地区红色文化资源保护与传承的必要性及利好因素 ……（31）
　　第一节　红色文化资源保护与传承的必要性 …………………（31）
　　第二节　红色文化资源保护与传承的利好因素 ………………（36）

**第四章　红色文化资源增进铸牢中华民族共同体意识的理论机理
　　　　　分析** ……………………………………………………………（46）
　　第一节　红色文化资源增进铸牢中华民族共同体意识的理论
　　　　　　基础 ……………………………………………………（46）
　　第二节　红色文化资源增进铸牢中华民族共同体意识的机理
　　　　　　分析 ……………………………………………………（61）

第五章　广西边境地区红色文化资源概况 …………………………（67）
　　第一节　边境地区8个县（市、区）概况 ……………………（67）
　　第二节　边境地区红色文化资源概况 …………………………（69）

第六章 广西边境地区红色文化资源保护与传承情况 (108)
- 第一节 东兴、防城红色文化资源保护与传承情况 (108)
- 第二节 宁明、凭祥、龙州、大新红色文化资源保护与传承情况 (112)
- 第三节 靖西、那坡红色文化资源保护与传承情况 (119)
- 第四节 广西边境地区红色文化资源保护与传承模式 (123)

第七章 红色文化助力铸牢中华民族共同体意识的实证检验 (126)
- 第一节 边境地区红色文化资源保护与传承面临的问题及原因 (126)
- 第二节 红色文化资源融入铸牢中华民族共同体意识的过程维度评估 (131)
- 第三节 红色文化资源与铸牢中华民族共同体意识的耦合协调度分析 (147)

第八章 广西边境地区红色文化资源保护与传承的思路及原则 (163)
- 第一节 红色文化资源融入铸牢中华民族共同体意识的思路 (163)
- 第二节 边境地区红色文化资源保护与传承的基本原则 (165)
- 第三节 广西边境地区红色文化资源融入民族团结进步示范长廊建设 (168)

第九章 广西边境地区红色文化资源保护与传承的实践路径及保障体系 (171)
- 第一节 广西边境地区红色文化资源保护与传承的实践路径 (171)
- 第二节 广西边境地区红色文化资源保护与传承的保障体系 (181)

参考文献 (187)

后记 (201)

第一章

绪 论

第一节 研究背景

文化是国家和民族的精神与灵魂,它深刻地影响着一个国家发展的历史进程,改变着一个民族的前途命运。我国红色文化资源是中国共产党领导下全国各族人民在革命斗争和建设实践中所形成的革命精神和革命传统以及凝结在其中以物质和精神形式表现出来的资源,它是中国共产党领导全国各族人民在长期的革命和建设中积淀起来的一种特殊的文化类型,蕴含着丰富的革命精神和厚重的历史文化内涵,是民族精神与时代精神相结合的产物,凝聚了党和人民优秀的历史文化传统和时代精华,是党先进性的重要体现。习近平总书记指出:"文化自信,是更基础、更广泛、更深厚的自信。在5000多年文明发展中孕育的中华优秀传统文化,在党和人民伟大斗争中孕育的革命文化和社会主义先进文化,积淀着中华民族最深层的精神追求,代表着中华民族独特的精神标识。"党领导各族人民在革命、建设和改革等历史阶段形成的红色文化资源是增强中华民族文化自信的动力源泉。因此，我们要把红色资源利用好、把红色传统发扬好、把红色基因传承好。唯有此，才能更好地坚定中国特色社会主义道路自信、理论自信、制度自信和文化自信。

2017年党的十九大报告正式提出"铸牢中华民族共同体意识"，并将其写入党章，为新时代民族工作指明了方向。2021年中央民族工作会议指出，党关于加强和改进民族工作的重要思想之一是"必须以铸牢中华民族共同体意识为新时代党的民族工作的主线，推动各民族坚定对伟大祖国、中华民族、中华文化、中国共产党、中国特色社会主义的高度认同，不断推进中华民族共同体建设"[1]，并强调铸牢中华民族共同体意识是新时代党的民族工作的"纲"，所有工作要向此聚焦。至此，铸牢中华民族共同体意识有了更为清晰的战略全局地位，新时代党的民族工作有了更为明确的战略目标和任务。铸牢中华民族共同体意识的实践路径既包括物质层面的共同富裕，更包括精神文化层面的"五个认同"、社会层面的互助和谐。红色文化资源作为一种宝贵的物质资源和精神文化资源，既见证了中国共产党在革命、建设和改革伟大实践中艰辛探索的奋斗历史，又见证了中国人民为实现民族独立、国家富强、人民幸福而团结奋斗的艰辛历程，是将铸牢中华民族共同体意识纳入"推动民族团结进步工作"和"促进民族地区经济繁荣发展"的重要桥梁和载体。党和国家在高度关注铸牢中华民族共同体意识的同时，也将利用和保护红色文化资源，列为一项重要议题。2021年5月，习近平总书记在《求是》杂志发表重要文章《用好红色资源，传承好红色基因，把红色江山世世代代传下去》，指出"要把红色资源作为坚定理想信念、加强党性修养的生动教材，讲好党的故事、革命的故事、根据地的故事、英雄和烈士的故事，加强革命传统教育、爱国主义教育、青少年思想道德教育，把红色基因传承好，确保红色江山永不变色"[2]。2021年6月25日，中共中央政治局就用好红色资源、赓续红色血脉进行第三

---

[1] 习近平：《以铸牢中华民族共同体意识为主线　推动新时代党的民族工作高质量发展》，《人民日报》2021年8月29日，第1版。

[2] 习近平：《用好红色资源，传承好红色基因，把红色江山世世代代传下去》，《求是》2021年第10期。

十一次集体学习时，习近平总书记强调，红色资源是我们党艰辛而辉煌奋斗历程的见证，是最宝贵的精神财富。并指出要用心用情用力保护好、管理好、运用好红色资源，既要对红色文化资源开展系统研究，又要打造精品展陈，生动传播红色文化，也要强化红色文化资源的教育功能。2022年10月党的二十大报告指出，要弘扬革命文化，巩固全党全国各族人民团结奋斗的共同思想基础。这些关于红色文化的重要论述，为焕发红色基因的时代光芒提供了行动指南。

在边境地区，无论是西南、西北地区，还是东北地区，在土地革命时期、抗日战争时期和解放战争时期都为国家和人民的解放做出了重要贡献，是革命重要的根据地，蕴藏着无数革命热血故事，是中国特色社会主义文化的重要组成部分。目前我国边境地区一方面面临着发展滞后问题，另一方面民族关系和宗教关系问题仍然较为突出，如何充分发挥边境地区红色文化资源优势，在调查、保护和传承红色文化资源的基础上，利用边境地区的红色文化资源积极作用于政治经济社会发展全过程，对于新时代扎实推进乡村振兴战略，实现共同富裕，以中国式现代化实现中华民族伟大复兴具有重要意义。但不可忽视的是，边境地区红色文化资源的调查、保护与传承面临着来自经济、社会和文化等多方面因素的制约，这导致调查、保护与传承工作困难重重。边境地区特殊的地理位置及相对滞后的经济社会发展水平，国家从1999年开始对其发起了"兴边富民"行动，至今二十多年来在振兴边境、富裕边民等方面取得了显著成效，但自然地理条件恶劣、民族关系错综复杂、生产方式落后及社会经济体系较为封闭等先天不足及后天不良，使得边境地区整体经济发展进程较缓，与东中部地区相比存在着较大的差距。从行政区域和宗教文化上看，边境地区在地理位置上是对整个边境地区及宗教盛行地区的高度覆盖，因而其政治经济社会局势的稳定、国家认同意识的强化直接关系到国家长治久安和社会安全稳定。

党的十九大报告指出："中国特色社会主义文化，源自于中华民族五千多年文明历史所孕育的中华优秀传统文化，熔铸于党领导人民在革命、建设、改革中创造的革命文化和社会主义先进文化，植根于中国特色社会主义伟大实践。"党的二十大报告强调："弘扬以伟大建党精神为源头的中国共产党人精神谱系，用好红色资源，深入开展社会主义核心价值观宣传教育，深化爱国主义、集体主义、社会主义教育，着力培养担当民族复兴大任的时代新人。"红色文化是中国特色社会主义文化的重要组成部分，蕴含着丰富的革命精神和厚重的历史文化内涵，承载着中国共产党人的初心和使命。在中国特色社会主义进入新时代的大背景下，我们必须把保护、传承和弘扬红色文化作为一项重大政治责任和铸魂工程来抓，使红色文化转化为中国精神、中国价值、中国力量和中国智慧，成为全面建设社会主义现代化国家、全面推进中华民族伟大复兴的内生动力。

从马克思主义哲学来看，红色文化属于观念上层建筑范畴，与铸牢中华民族共同体意识具有内在一致性，这主要表现为文化与意识的同一性和统一性，二者均是对客观存在的主观反映且具有能动作用。在当代利用红色文化物质形态发展红色文化旅游，挖掘民族地区和革命老区新的经济增长点，是扎实推进乡村振兴的有效路径①。但通过红色文化旅游促进经济发展的同时，必须把准方向，充分发挥红色文化的精神文化价值，以进行红色教育、传承红色基因为核心，助力社会主义精神文明建设，彰显红色文化旅游的精神底色②。因此，本书从"调查问题→分析问题→解决问题"的角度出发，结合民族学、历史学、边疆学等学科理论知识和研究方法，以广西边境地区红色文化资源为研究对象，重点对红色文化资源的分布情况、保护现状进行调查，进而总结广西边境地区红色文化资源的保护与传承模式、思路与基本原则、实现路径与措施等，为边境地区红色文化资源的保护利用提供样本与案例。同时，充分考虑到红色文化资源的物质属性有利于促进民族地区经济繁荣发展，以实现共同富裕夯实铸牢中华民族共同体意识的物质基础；红色文化资源的精神文化属性有利于推动民族团结进步工作，加强各民族交往交流交融，构筑各民族共有精神家园，夯实铸牢中华民族共同体意识的群众基础和思想基础。在总结广西边境地区红色文化资源的保护与传承模式基础上，深入探讨红色文化资源融入铸牢中

---

① 2019年9月16—18日，习近平总书记在河南考察时指出，"依托丰富的红色文化资源和绿色生态资源发展乡村旅游，搞活了农村经济，是振兴乡村的好做法"。

② 2015年2月14日，习近平总书记在陕西视察时强调，"发展红色旅游要把准方向，核心是进行红色教育、传承红色基因，让干部群众来到这里能接受红色精神洗礼"。

华民族共同体意识的路径，既是对政策层面重点导向的一种回应，又是对实践层面现实关怀的一种思考。

第二节 国内外文献综述

一、国内外关于铸牢中华民族共同体意识研究综述

对于"铸牢中华民族共同体意识"这一具有中国特色的民族工作主线，国外鲜有学者直接对其进行研究，多数是从国家认同、民族认同方面进行阐述。有学者对国家认同的概念及衡量维度进行探讨（Leonie Huddy 和 Nadia Khatib，2007；Frank Jones 和 Philip Smith，2001；Samuel P. Huntington，2004），有学者从心理学、人类学、社会学、政治学等学科视角对民族认同的含义进行界定（Kwan 和 Sodowsky，1997；Phinney J S，1992；Karlsen 和 Nazroo，2002；Ashmore R D. 等，2004；Constan 和 Zimmermann，2008），分析民族认同的测量工具（Phinney J S，1992；Sellers 和 Smit，1998；Ting-Toomey S. 等，2000；Kwan K L K，2000）和影响因素（Marshall S，1995；Umana-Taylor 和 Fine，2004；Umana-Taylor 和 Bhanot，2006；Torres V，2003；Phinney 和 Romero，2001；Daha M，2011；Maramba D C，2012），也有学者从"熔炉"理论（Leonie Huddy 和 Nadia Khatib，2007；John E. Transue，2007）、多文化或族群多元主义理论（Frank Jones 和 Philip Smith，2001；Karina Korostelina，2004）、支配族群理论（Rick Kosterman 和 Seymour Feshbach，1989；Jim Sidnius. 等，1997）等视角研究国家认同与民族认同的关系。总体而言，国外文献认为国家认同表现为个人对某个主权国家的心理归属感，可划分为文化性国家认同和政治性国家认同两个维度①。民族认同更多的是从心理学角度出发，认

---

① 文化性国家认同是指个体对国家的主流传统文化、信念等方面的认可、接受和热爱的程度，政治性国家认同是指个体对国家的政治制度、政治理念等方面的认可、接受和热爱的程度。详见马得勇：《国家认同、爱国主义与民族主义——国外近期实证研究综述》，《世界民族》2012 年第 3 期。

为这是个体归属为一个群体的情感,可通过心理学量表的方式进行测度①,受个体特征、社会环境、宣传教育、语言文化、风俗习惯等因素的影响。而在多民族国家,国家认同和民族认同并不是等同的,有可能存在冲突。

  国内对"铸牢中华民族共同体意识"的研究虽然始于2017年,但对中华民族、中华民族共同体等的研究历史悠久、成果丰富。研究内容大致可分为中华民族共同体的发展演变、中华民族共同体意识的内涵。在中华民族共同体的发展演变中,自梁启超在1897年首次提出"中华民族"这一概念后,他在1903年10月4日出版的《新民丛报》第三十八至第三十九合刊上发表的文章《政治学大家伯伦知理之学说》清晰赋予了"中华民族"以较为科学的内涵②。随后,学术界便围绕中华民族概念进行了大量研究。其中最为著名的是费孝通(1989)在《中华民族的多元一体格局》一书中,以滚雪球的比喻来形象阐释中华民族在几千年历史中形成了"你中有我、我中有你"且"各具个性的多元统一体",提出当今的中华民族是一个民族实体,具备了民族定义特征。党的十九大报告以后,关于"中华民族"有了新的话语表述——"中华民族共同体"。学术界对其研究虽然形成了一定共识,但因分析提炼思路差异,一种是横向平行思维,即从政治、经济、文化等角度切入,另一种是从纵向历史角度研究,也就形成了中华民族共同体概念的多维分析视角。具体来看:一是对应"国族说"观点,形成"国家形式的共同体"内涵。国族的产生既要有共享的族群文化,更要有统一的疆域及社会环境(许纪霖,2013)③。中华民族共同体具有突出的国家意涵,是一个取得了国家形式的人群共同体(陆海发,

---

  ① 民族认同的测量工具主要包括两大类,一类是为了便于不同民族之间比较,编制的具有普适性的多民族认同量表;另一类是为了体现每个民族独特的历史、文化、传统等编制的适用于特定民族的认同量表。详见严宇、吴敏:《国外民族认同实证研究述略》,《民族论坛》2016年第6期。
  ② 梁启超提出"大民族主义"和"小民族主义"这样一对概念:"吾中国言民族者,当于小民族主义之外,更提倡大民族主义。小民族主义者何?汉族对于国内他族是也。大民族主义者何?合国内本部属部之诸族以对于国外之族是也。……合汉合满合蒙合回合苗合藏,组成一大民族。"详见梁启超:《政治学大家伯伦知理之学说》,《新民丛报》1903年10月4日,第三十八至第三十九合刊。
  ③ 国族的产生不仅取决于一个国家内部拥有共享的族群记忆、历史、语言和文化,更重要的是取决于近代国家所创造的统一的民族市场、独立的国家主权以及共同的法律政治体系。而一个国族是否获得公共的、普遍的认同,关键不是看主体民族的认同,而是看少数民族与族群是否承认。详见许纪霖:《国族、民族与族群:作为国族的中华民族如何可能》,《西北民族研究》2017年第4期。

2016);是中国公民的国族身份的集中概括(王延中,2018)。二是对应"公民说"观点,形成"公民共同体"。沈桂萍(2017)视"中华民族共同体"为"人的共同体"和历史文化的共同体。其中"人的共同体"即可视作公民共同体,指的是有中国国籍的公民。三是对应历史脉络,形成"关系纽带说"。郝亚明(2019)认为"中华民族共同体"既是对"命运一体"的强调,又是对共同性纽带的强调。在中华民族共同体意识的内涵中,哈正利和杨胜才(2017)提出"中华民族共同体意识是中国各民族在不断交往交流交融的历史进程中,在历史、心理、社会、制度、政治、文化等层面取得一致性或共识性的集体身份认同"。基于此,王鉴(2018)从中华民族共同体意识的延伸含义进行了相关讨论①。

在上述研究成果的基础上,国内学者开始对"铸牢中华民族共同体意识"这一命题展开深入研究。研究内容包括铸牢中华民族共同体意识的理论基础和实践路径。关于铸牢中华民族共同体意识的理论基础,一种观点认为来源于"大一统"思想在内的"天下观"(李宪堂,2012②;李克建 2013③),另一种观点认为来源于马克思的共同体思想(赵红伟,2018),也有观点认为来源于费孝通的"中华民族多元一体化格局"(孙秋云,2006;罗惠翾,2018;麻国庆,2020;王延中,2020)。关于铸牢中华民族共同体意识的实践路径,一是切实增强我国公民的"五个认同"(赵英,2018;青觉,2019;王延中,2020),二是积极展现中华民族共同的历史记忆和身份标识(黄兴涛,2002;赵超和青觉,2018;吐尔文江,2020),三是民族地区高校开设完善相关课程

---

① 中华民族共同体意识的延伸含义既包括中国境内的不同民族所构成的中华民族共同体及其意识,也包括中国不同地区所构成的中华民族共同体及其意识,主要包括香港、澳门的治理问题以及台湾问题所构成的国家统一问题,还包括全球华人共同坚守、实践中华民族共同体意识,与世界其他民族共同构成"人类命运共同体"。详见王鉴:《中华民族共同体意识的内涵及其构建路径》,《中国民族教育》2018 年第 4 期。

② "天道"和"天命"为呈现世界意义的形式,体现了中华民族的价值取向、认知偏好与思维旨趣,为中华民族共同体意识的形成、流变提供了可预知的认知框架。详见李宪堂:《"天下观"的逻辑起点与历史生成》,《学术月刊》第 44 卷,2012 年 10 月。

③ 中华民族认同之所以能够在近代以来实现"自在"向"自觉"的历史转变,是因为中华传统文化中的"天下观念""大一统"思想等因子不仅孕育了中华民族认同的文化土壤,而且是古代王朝试图建构中华民族的文化要素。详见李克建:《中华民族认同的历史形成:思想基础与认同目标》,《西南民族大学学报》(人文社会科学版)第 34 卷,2013 年 12 月。

和人才培养体系（包银山和王奇昌，2019；李晶和师英杰，2020），四是以推广国家通用语言文字促使各民族群众对中华民族共同体的文化内涵认同和核心价值观认同（胡艳霞，2020；丁文楼，2020），五是以经济共享厚培全民族的利益共同体认知（陆卫明和张敏娜，2018；李曦辉，2020）。

二、国内外关于红色文化资源研究综述

国外文献对红色文化资源的研究，多与中国共产党在革命、建设和改革过程相关。Major Charles C. Duell（1989）分析了红色文化在长征和苏区建设期间的作用，指出红色文化包含实用性和理想性。Liwei Zhang 和 Muhammad Babar Jamil（2005）则把红色文化的实用性和理想性具体到中国经济建设上，研究认为中国人的经济发展理念和对"家"的建设思想和红色文化精神高度契合，且这种激发中国人努力让自己和国家变好的红色精神一直存在。近年来也有文献从红色文化本身出发，研究其在思想政治理论课中的应用（Dan Liang，2021；Yihao Jin，2020；Chuan Wang，2019）、与社会主义核心价值观的关系（Guanglin Xia，2021；Jihui Liu，2020）、保护与传承的对策（Siman Wen，2020）等。相比国外，国内对红色文化资源的研究，无论是数量还是内容，都更胜一筹。总体而言，学者们对红色文资源的研究主要集中在内涵、保护和传承等方面。

（一）红色文化资源的内涵

我国学术界关于红色文化及其资源的专门理论研究始于 21 世纪初，目前国内在红色文化、红色文化资源的相关概念和内涵研究方面，还未达成统一的共识，学者们观点不一，在创造主体、时间跨度等方面存在一定的分歧。

2002 年，谭冬发等在《"红色资源"与扶贫开发》[①] 一文中首次提出红色资源的概念，并将其定义为"那些能够顺应历史潮流，弘扬爱国主义精神的一切革命活动中凝结的人文景观和精神"。彭央华和项波（2003）认为红色文化资源相较于红色文化与红色资源，既突出了前者的资源性，又比后者更加注重红色文化丰富的精神内涵。具体来看，陈始发等（2014）认为红色文化资

[①] 谭冬发、吴小斌：《"红色资源"与扶贫开发》，《老区建设》2002 年第 7 期。

源必须包括革命精神与革命传统、红色文化与资源、原生性和衍生性这三个核心要素。肖发生（2015）认为红色文化资源主要是指中国共产党领导中国人民在长期革命实践过程中所形成的历史遗存，其核心是"红色"。周琪和张珊（2020）将红色文化资源总结为"中国共产党在长期革命、建设和改革实践中所形成的物质、精神、制度等资源的总和。"①

更多的学者则是对红色文化进行了界定，如马丽雅（2020）认为②，红色文化是中国共产党人带领广大人民群众在革命战争年代，通过革命实践产生的文化精神及其形态。显然，她将红色文化视为革命文化。戴彩虹（2017）③也认为红色文化的主要内容是革命文化。另有学者则认为④，红色文化是学术界就如何看待革命文化在社会主义建设与改革时期的时代价值时，创造性地引入的新概念。而随着学术界认识的深入，部分学者将红色文化的时间跨度扩大，如于春梅等（2018）⑤指出，红色文化就其跨越的时段看，应包括中国共产党领导中国人民在革命、社会主义建设和改革等时期。此外，还有学者从广义和狭义两个角度对红色文化进行了界定。如渠长根（2013，2017）⑥认为，广义上，它是指在世界社会主义和共产主义运动整个历史过程中形成的人类进步文明的总和；狭义上，它则是特指在马克思主义的指导下，中国共产党领导人民在新民主主义革命、社会主义革命与社会主义建设和改革开放的伟大实践中创造出来的各种物质和精神财富的总和。

从红色文化概念的争辩中可以看出，在红色文化的创造主体方面，学者们主要有两种不同观点，其中一种认为红色文化是世界社会主义运动历史进程中的人们创造的文化，另一种观点则认为红色文化是中国共产党领导下的中国人民创造的文化。但当前在国内红色文化研究中，大多数学者在创造主体上达成

---

① 周琪、张珊：《论新时代红色文化资源的现实境遇与创新实践》，《重庆社会科学》2020年第12期。
② 马丽雅：《红色文化遗产资源整合开放的对策思考》，《广西社会科学》2020年第7期。
③ 戴彩虹：《红色文化传承方式也要与时俱进》，《人民论坛》2017年第30期。
④ 陈始发、李立娥、齐耀祖：《红色文化资源研究的历史考察》，《理论视野》2014年第8期。
⑤ 于春梅、季诗洋、李文睿等：《少数民族红色文化资源的保护和传承》，《理论观察》2018年第4期。
⑥ 渠长根：《红色文化学科建设刍议》，《红色文化资源研究》2017年第2期；渠长根：《马克思主义中国化、大众化语境下的红色文化研究》，中国工商出版社，2013年，第102页。

了一致，认为红色文化的创造者是中国人民。

在红色文化的时间跨度方面，学者们也是持有不同观点。一种观点认为红色文化概念的时间仅仅是革命战争时期，不包括新中国成立以后的时间段，如李康平（2007）认为红色文化是中国共产党领导中国人民在长期艰苦卓绝的革命实践中创造的①，古玉芬则进一步将革命时期界定为红军长征时期、抗日战争时期和解放战争时期，王明霞（2014）②、李水弟（2008）③等则认为红色文化时间外延为新民主主义革命时期。另一种观点认为红色文化的时间跨度应包括新民主主义革命和社会主义建设时期，红色文化应该是革命文化和社会主义先进文化的统称，持这一观点的学者有杨晓苏（2014）④、耿琪（2006）⑤、肖发生（2009）⑥等。甚至有学者认为红色文化不仅仅是历史上的红色文化，不仅要上溯历史、涵盖现实，而且应当延伸到未来，是一种大尺度的历史时代产生的蔚为大观的文化⑦，中国共产党领导全国人民在长期革命、建设、改革进程中创造的以马克思主义为核心的先进文化均可凝练地称为红色文化⑧。

尽管学术界对红色文化的定义难以统一，但大多承认如下事实：红色文化一定是在中国共产党领导下形成的。至于时间跨度问题，我们认为革命战争时期可视为红色文化的"孕育期"和"形成期"，而新中国成立后形成的相关精神与传统，以及期间对早期红色文化的继承所延伸出的新精神及其形态，可视为红色文化的"发展"与"创新"。因此，它们都属于红色文化的重要内容，具有逻辑上的高度统一性与连续性，是一个不可分割的整体。

有关红色文化的构成，常见的是二分法，即由物质文化和精神文化两部分

---

① 李康平：《红色资源研究与高校思想政治教育》，《高校理论战线》2007年第6期。
② 王明霞：《依托红色文化加强高校思想政治教育新思考》，《广州航海学院学报》2014年第3期。
③ 李水弟、傅小清：《红色文化的政治内涵》，《南昌工程学院学报》2008年第5期。
④ 杨晓苏：《红色文化价值生成的渊源及其核心价值观探究》，《学校党建与思想教育》2014年第17期。
⑤ 耿琪：《"红色资源"——加强和改进大学生思想政治教育的新亮点》，《吉林商业高等专科学校学报》，2006年第2期。
⑥ 肖发生：《定位与提升："红色资源"的再认识》，《井冈山学院学报》2009年第2期。
⑦ 刘润为：《红色文化论》，《文艺理论与批评》2013年第4期。
⑧ 沈成飞、连文妹：《论红色文化的内涵、特征及其当代价值》，《教学与研究》2018年第1期。

组成，如吴清江（2009）等就将红色文化划分为物质与精神两种形态①，但也有学者将其进一步细化为物质文化、制度文化和精神文化，如吴琼（2017）②就将赣南红色文化分为以物态形式表现出来的物质性红色文化，以规章制度形式表现出来的制度性红色文化和以意识、观念、心理、理论，甚至风俗等形态表现出来的精神性红色文化。与此同时，还有人提出四分法的观点，如汤红兵（2006）③结合湘鄂西革命根据地红色文化的形成过程，将其分为物质、制度、思想和精神四个层面。同时，也有按时间顺序对红色文化进行分类的④。

（二）红色文化资源的保护与传承

关于红色文化资源的特征，学术界普遍认为，相比较于自然资源，文化资源不仅有着物质和精神两类形态，还有着资源利用的无限性。而红色文化资源相比较于文化资源，又具有"红色"的独特性、先进性和教育性。红色文化资源的特征大致表现为红色文化资源的内容丰富性（何其鑫等，2013）、分布的广泛性（张迪和崔燕，2020）、地方文化的特色性（丁仁祥，2016）、物质资源的原真性（谭佳和黄平森，2016）。关于红色文化资源的价值，红色文化流淌着中国共产党人的鲜血，为党的政治建设提供了精神动力，具有很高的政治价值（夏露，2020）。红色文化资源中的红色旅游和红色文化产业，具有不容小觑的经济价值（渠长根，2017）。同时，红色文化资源的根本属性是文化，既具有文化的导向价值（刘润为，2017），又具有"红色"教育价值（王开琼，2016）。

关于红色文化资源的开发，国内的研究起步较早，《"红色资源"与扶贫开发》一文中就将红色文化资源视为扶贫开发的重要资源，并认为红色文化资源有利于扶志、有利于革命老区定位自己的优势与不足、有利于促进产业开发，并且提出依托红色资源，培育革命老区经济发展出新的增长点，主要有三大措施：大力发展红色旅游业、开发红色食品业和发展红色文化产业。此后，

---

① 吴清江、戴淑雯：《红色资源开发研究》，《井冈山学院学报》2009 年第 2 期。
② 吴琼：《赣南红色文化传播调查研究》，《吉林教育学院学报》2017 年第 1 期。
③ 汤红兵：《湘鄂西红色文化的形成及开发》，华中师范大学硕士学位论文，2006 年。
④ 胡奕爽、童本勤：《红色文化资源保护利用规划策略探讨》，《共享与品质：2018 中国城市规划年会论文集》，中国建筑工业出版社，2018 年，第 1347 – 1356 页。

学者对江西、川渝、贵州、陕西、湖北等红色文化资源较为集中的地区如何进行红色文化资源开发开展研究和分析，积累丰富的案例和经验①。在此基础上，阮晓菁（2017）在《传承发展中华优秀传统文化视域下红色文化资源开发利用研究》中对红色文化资源开发存在的问题及原因进行分析，并提出在传承发展中华优秀传统文化中开发和利用好红色文化资源的对策②。

关于红色文化资源的保护和传承，学者们认为须从以下几点着手：深化党史研究，增强文化自觉；挖掘精神内核，坚定文化自信；开发利用红色文化，实现文化自强。具体来说，要从革命战争话语向改革发展话语转换、从历史文本话语向现实生活话语转换、从以理服人话语向以情动人话语转换、从传统媒体话语向现代媒体话语转换③。在保护过程中，要做到注重统筹谋划、摸清底数、立法保护和规划引领，同时通过打造红色文艺精品，留住红色记忆、讲好红色故事、唱响红色旋律，发展红色文化产业，做大红色培训、做强红色旅游、做精红色品牌等实现有效的保护与传承④。具体来看，吴太宇（2018）提出通过拓展红色文化网站数量、构建红色文化大数据库来创新红色文化资源传承路径。许丽（2021）也提出以数字化方式对红色文化资源进行采集、保存、展示和传播等。除此之外，还可以将红色文化资源与中华优秀传统文化（阮晓菁，2017）、社会主义核心价值体系（王中强，2010）相结合，通过创新红色文化资源的内涵、表现形式及传播方式等对其进行保护和传承。

三、关于红色文化资源增进铸牢中华民族共同体意识研究综述

以"红色文化资源"与"铸牢中华民族共用体意识"为关键词，在中国知网上检索出来的文献较少。李维军和杨丽（2020）从明晰政治前提、夯实经济基础、标注中国底色、提升社会认知、坚守生态底线五个方面论证了红色

---

① 谭冬发、吴小斌：《"红色资源"与扶贫开发》，《老区建设》2002年第7期。
② 阮晓菁：《传承发展中华优秀传统文化视域下红色文化资源开发利用研究》，《思想理论教育导刊》2017年第6期。
③ 曾杰：《论红色文化传承中的当代话语转换》，《贵州社会科学》2017年第17期。
④ 詹昌建：《切实做好闽西红色文化保护传承工作》，《党建》2018年第4期。

文化增进铸牢中华民族共同体意识的价值作用。龙柏林和李秋梅（2020）认为红色记忆是守护中华民族共同体意识历史根基的需要、夯实中华民族共同体意识文化基础的需要、维护中华民族共同体意识心理基石的需要。除此之外，红色育人工作有助于凝心聚力，铸牢贵州民族地区高校中华民族共同体意识（贾红霞和范建刚，2022）；开展红色文化教育，增进情感认同是北方民族大学铸牢中华民族共同体意识工作的基本经验之一（钟梅燕和贾学锋，2021）。除此之外，张君和施爱民（2021）、罗朝晖（2021）从红色文化认同视角分析了铸牢中华民族共同体意识的路径，尹涛和陈玲（2021）研究以红色文化铸牢大学生中华民族共同体意识，而张静和黄霞（2021）则研究以民族地区红色文化资源铸牢中华民族共同体意识。上述关于红色文化资源与铸牢中华民族共同体意识的研究文献，尽管研究内容略有差异，但研究观点一致认为，红色文化资源有助于铸牢中华民族共同体意识，要充分开发和利用红色文化资源，以铸牢中华民族共同体意识。

四、文献评述

通过上述文献梳理，总体而言，国内外已有的研究主要呈现以下三大特征：

第一，对于铸牢中华民族共同体意识，国外主要是从国家认同、民族认同视角进行阐述，国内则是在中华民族共同体发展演变的相关研究成果基础上，对"铸牢中华民族共同体意识"这一命题展开深入研究，成果包括"铸牢中华民族共同体意识"的理论基础、意义价值、实践路径等方面，为铸牢中华民族共同体意识工作的开展提供了理论支撑和决策依据。

第二，国外关于红色文化资源的研究多含于对中国共产党领导的革命、建设、和改革的讨论分析中，鲜有学者将红色文化作为独立对象，专门围绕红色文化进行研究探讨。国内对红色文化资源的研究始于2002年，2011年开始相关研究成果呈爆发式增长，形成一个研究热潮并一直持续至今。总体来看，红色文化资源研究学科分散、观点凌乱，在理论上甚至出现相互冲突、矛盾的地方，目前对红色文化的研究尚未形成整理性的、理论性的成果。学术界有关红色文化的研究相当丰富，但对红色文化资源概念、形式、时间跨度、内涵、时代价值的研究却观点冲突不一、论证歧见纷呈①。从研究的实证案例来看，目前红色文化资源的研究对象偏向江西、延安、西柏坡及长征所经地区，对西南边境地区的红色文化资源调查、保护与传承、开发不足。在红色文化的研究内容方面，表象问题的研究较多，大多围绕"是什么""为什么""怎么做"的研究思路，对部分资源比较集中、中央和政府较为关注的区域进行案例性分析，重视红色文化在意识形态领域和经济效益方面的作用，而忽视了红色文化在边境地区、社会生活、文化实践、民族团结进步方面的价值功能。

第三，国内鲜有文献将红色文化资源与铸牢中华民族共同体意识相结合，在理论阐释红色文化资源增进铸牢中华民族共同体意识的基础上，基于融入过程和融入结果双重视角探讨红色文化资源融入铸牢中华民族共同体意识的实践路径。红色文化资源作为中国共产党领导人民在实现民族独立、人民解放、国家富强、社会进步的不懈奋斗中所形成发展起来的宝贵财富，体现了中华民族齐心协力、团结一致的奋斗史，有利于增强各族群众"五个认同"，铸牢中华民族共同体意识。因此，从过程维度找准红色文化资源融入铸牢中华民族共同体意识的着力点，从结果维度评估红色文化资源融入铸牢中华民族共同体意识所做工作，从而有针对性和目的性地提出红色文化资源融入铸牢中华民族共同体意识的实践路径，对保护好、运用好、传承好红色文化，以铸牢中华民族共同体意识为主线做好新时代党的民族工作具有重要意义。

第三节 研究区域、思路及方法

一、研究区域

本书的研究对象是边境地区的红色文化资源，故其研究的区域包含"边

---

① 邓显超、邓海霞：《十年来国内红色文化概念研究述评》，《井冈山大学学报》（社会科学版）2016年第1期。

境""多民族"等关键词。广西位于我国的南疆,西南与越南接壤,既是边境地区,同时又是壮、汉、瑶、苗、侗等 12 个世居民族聚居的多民族地区。之前学术界对广西红色文化及其资源的研究侧重在开发、利用、传播与认同等方面①,重点又多集中在红色文化相对富集的百色、龙州、东兰和桂北等地②,而对广西红色文化及其资源的保护与传承现状,尤其是边境地区红色文化的基本情况仍缺乏足够的关注,因此本书以广西的边境县(市、区)为例,全面梳理当地的红色文化资源,了解其分布情况、保护与传承现状,总结当前的保护与传承模式,并分析保护与传承过程中存在的问题,进而提出红色文化资源保护与传承的思路、原则、路径和措施等。

广西的边境县(市、区)一共有 8 个,具体为防城港市所辖的东兴市、防城区,崇左市所辖的宁明县、凭祥市、龙州县、大新县,以及百色市所辖的靖西市和那坡县,这是本书的调查区域。

二、研究思路

在研究思路方面,本书采用"提出问题→分析问题→解决问题"的逻辑思路,基于消费文化理论、文化认同理论、社会认同理论以及红色文化资源的经济价值、文化价值和教育价值,在理论层面阐释红色文化资源增进铸牢中华民族共同体意识机理的基础上,对广西边境地区的红色文化资源全面梳理,了解其分布情况、保护与传承现状,从而对当前的保护与传承模式进行总结。同时以百色市为例基于融入过程和融入结果双重视角,构建红色文化资源融入铸牢中华民族共同体意识的过程维度评估指标体系对百色市推进红色文化资源融入铸牢中华民族共同体意识所做工作进行过程维度评估,构建耦合协调度模型对百色市红色文化资源融入铸牢中华民族共同体意识的耦合协调度进行实证分析。最后分析保护与传承过程中存在的问题,进而提出红色文化资源保护与传

---

① 周献策:《新媒体环境下广西红色文化资源传播路径研究》,《百色学院学报》2017 年第 6 期;史亚博、章钊铭:《广西红色文化资源开发利用的现状与对策》,《经济与社会发展》2018 年第 6 期;王成、刘旸:《红色文化传承视域下广西红色旅游资源的保护与开发研究》,《风景名胜》2019 年第 8 期。

② 尹रुष्ण强:《乡村振兴战略视域下河池红色文化资源开发路径探析》,《柳州职业技术学院学报》2019 年第 6 期;胡炳范:《百色红色文化传承研究》,广西民族大学硕士学位论文,2019 年;吴辉:《广西全州县红色旅游发展研究》,桂林理工大学硕士学位论文,2020 年。

承的思路、原则、路径和措施等。

三、研究方法

本书在充分吸收和借鉴相关理论与成果基础上,主要采用历史学、民族学等学科的研究方法,进行多学科综合考察研究,重点包括文献研究法和田野调查法。文献研究法,通过互联网搜索、出版物查阅、研究论文梳理等形式,检索与分析广西边境县(市、区)的红色文化资料,初步了解当地红色文化保护与传承状况;田野调查法,在前期文献梳理基础上,通过走访当地文化体育广电和旅游局、退伍军人事务局、党史办、纪念馆、博物馆、文物管理所、烈士陵园等单位和机构,实地调查和采集红色文化数据,期间还会对相关人员进行访谈,以深入了解当地红色文化保护与传承的现状。

具体而言,首先,全面系统地回顾国内外红色文化资源及其保护传承的主要研究成果,了解国内外研究现状,廓清红色文化所蕴含的本质内涵及当代价值。其次,分析边境地区红色文化资源的特征,借鉴政治学、文化传播学、旅游管理学、经济学、社会学、民族学、信息数据学等相关学科的理论,剖析边境地区目前红色文化资源的保护和传承现状及面临的困境与挑战,并分析其原因。其次,采用定性分析方法,以 2021 年中央民族工作会议关于新时代党的民族工作的"六个要"和红色文化资源的经济功能、文化功能和教育功能为基础,以百色市为个案,构建红色文化资源融入铸牢中华民族共同体意识的过程评估指标体系对百色市推进红色文化资源融入铸牢中华民族共同体意识所做工作进行过程维度评估;采用实证分析方法,构建耦合协调模型对百色市红色文化资源、红色文化旅游融入铸牢中华民族共同体意识的耦合协调度进行实证分析。最后,通过文献资料研究与实地调研,利用多学科交叉研究法,坚持问题导向,以铸牢中华民族共同体意识为主线,结合新发展理念,分析边境地区保护和传承红色文化资源的总体思路和具体原则,并提出新发展理念下边境地区红色文化资源保护与传承的具体路径。

(一)文献资料研究法

围绕我国边境地区红色文化资源调查、保护与传承的研究主题,查阅并梳理近年来国内外相关研究文献,吸收边境地区红色文化资源调查保护及传承等方面的最新研究成果，把握相关领域的研究前沿。全面掌握与本书研究相关的政治学、社会学、民族学、边疆学、管理学、政治学、经济学、文化传播学等学科的经典理论，通过对现有理论的集成和整合，构建边境地区红色文化资源调查、保护与传承的理论分析框架，用以指导本书的理论分析。

（二）田野调查研究法

通过田野调查法对边境地区红色文化资源分布、开发与保护、传承现状的数据、案例、资料进行调查和采集。实地调研方法的优点在于能够及时获取准确翔实的一手资料，因此，本书将采用实地调研方法获取边境地区红色文化资源的相关数据资料。

（三）多学科交叉研究法

综合运用政治学、社会学、民族学、边疆学、管理学、经济学、文化传播学、生态环境学等相关的理论对边境地区在红色文化资源的保护与传承中存在的不足、面临的困境进行分析；采用定性分析方法，以2021年中央民族工作会议关于新时代党的民族工作的要求和红色文化资源的经济功能、文化功能和教育功能为基础，构建红色文化资源融入铸牢中华民族共同体意识的过程评估指标体系对百色市推进红色文化资源融入铸牢中华民族共同体意识所做工作进行过程维度评估；采用实证分析方法，构建耦合协调模型对百色市红色文化资源、红色文化旅游融入铸牢中华民族共同体意识的耦合协调度进行实证分析。并运用多学科交叉研究法提出边境地区保护与传承红色文化资源的具体路径。

第四节 基本概念的界定

一、红色文化资源

红色文化资源是由"红色""文化""资源"这三个关键词复合而成，其概念与红色文化①、红色资源相近，但红色文化资源既突出了前者的资源性，又比后者更加注重红色文化丰富的精神内涵（彭央华和项波，2003）。肖发生（2015）②、周琪和张珊（2020）③ 都认为红色文化资源主要是指中国共产党领导中国人民在长期革命实践过程中形成的，但肖发生（2015）把红色文化资源限定在革命期间的历史遗存，而周琪和张珊（2020）则把革命、建设和改革期间的物质、精神、制度等资源的总和都囊括为红色文化资源。卞成林（2021）基于"红色"的文化语境、"红色"指代革命的历史缘由，从广义和狭义层面对红色文化资源的概念进行全面界定，认为"狭义的红色文化资源特指中国共产党领导中国人民，以马克思主义为指导，为实现国家富强、民族复兴和人民幸福，在中国革命、建设和改革的各个发展阶段的艰苦探索实践中所形成的体现中国共产党的性质宗旨、精神面貌、思想方法和工作方法等一切文明成果的总称"④。尽管学术界对红色文化资源的定义难以统一，但大多认同以下说法：红色文化资源一定是在中国共产党领导下形成的。至于时间跨度，学者们大多认为革命战争时期是红色文化的"孕育期"和"形成期"，而新中国成立后在共产党的领导下形成的，以及对早期红色文化的继承所延伸出的物质形态和精神形态，可视为红色文化资源的创新性发展和创造性转化。

因此，鉴于学术界的观点莫衷一是，本书所认为的红色文化是指在中国共产党领导下，各族人民为实现中华民族伟大复兴而培育成的民族精神财富及其物质文化载体的总和，时间跨度涵盖革命时期、社会主义建设时期、改革开放

---

① 红色文化从广义上说就是中国共产党领导人民在革命、建设、改革进程中创造的以中国化马克思主义为核心的先进文化。详见刘润为：《红色文化与中国梦》，《人民日报》2013年11月14日，第7版。

② 红色文化资源主要是指中国共产党领导中国人民在长期革命实践过程中所形成的历史遗存。详见肖发生：《多维视角下的红色文化资源》，《红色文化资源研究》第1卷第1期，2015年1月。

③ 红色文化资源是中国共产党在长期革命、建设和改革实践中所形成的物质、精神、制度等资源的总和。详见周琪、张珊：《论新时代红色文化资源的现实境遇与创新实践》，《重庆社会科学》2020年第12期。

④ 在广义的层面，红色文化资源主要是指世界无产阶级在共产主义运动历史进程中所形成和创造的关于人类解放和自由全面发展的各种文明成果的总和，它包括物质文明、精神文明、社会文明、政治文明、生态文明等不同形态的文明成果。详见卞成林：《基于红色文化资源建设的马克思主义意识形态创新》，《广西民族大学学报》（哲学社会科学版）第43卷第6期，2021年6月。

时期、中国特色社会主义新时代及将来为实现中国梦而奋斗的时期。由于本书是从保护与传承角度来探讨红色文化及其资源的，因此我们倾向于采用文化遗产学的分类方法，即从红色文化的存在形态分，包括如下两类：一是"物质类红色文化"，着重强调红色文化的实物属性；二是"非物质类红色文化"，着重强调红色文化在思想、精神、制度领域的创造性活动及其结晶。因而红色文化的内容既包括革命历史遗址、文物、纪念地、名人故居、烈士陵园、展览馆、纪念场馆及革命标语、诗歌、文献、影像、歌曲、作品等物质形态的红色文化资源，也包括各族人民在革命时期、社会主义建设时期、改革开放时期、中国特色社会主义新时代所形成的忠诚于党、热爱祖国、热爱人民、敢于斗争、敢于胜利、严守纪律、不怕牺牲、军民团结、无私奉献、艰苦奋斗、勇往直前等精神层面的红色文化资源。

而红色文化资源，虽然落脚点在"资源"上，但与红色文化似乎没有本质的区别。一般而言，凡是可以利用的，或者说有利用价值的任何要素都可以称为资源。而红色文化具有政治、教育、经济、历史、社会等多重价值[①]，显然属于不可多得的资源。因而，红色文化资源的保护与传承等同于红色文化的保护与传承。

关于红色文化资源的分类，井冈山大学教授张泰城（2017）在常见的二分法，即分为物质文化和精神文化的基础上，将红色文化资源划分为三大类型，分别是物质形态、信息形态及精神形态。他认为信息就是信息，既不能归结于物质，也不能归结于精神。因此，如果仅是将红色文化资源划分为物质形态和精神形态，就会出现模棱两可或彼此不分的现象[②]。基于三大类型，张泰城（2017）又将红色文化资源具体分为红色旧址、红色器物、红色文献、红色人物、红色事件、红色文艺、红色建筑、红色精神、红色研究、红色创作十种。参考张泰城（2017）的研究成果，可将红色文化资源分为"物质类红

---

① 温树峰、吴瑾菁：《2000年以来的红色文化研究综述》，《浙江理工大学学报》（社会科学版）2018年第6期。

② 如纸张及其文字符号可以归结为物质，但文字符号所表达的意义却是精神，文字符号与其表达的意义是不可分的，无论划归物质形态还是精神形态都为不妥。详见张泰城：《论红色文化资源的分类》，《中国井冈山干部学院学报》第10卷第4期，2017年4月。

文化资源"和"非物质类红色文化资源"。为了研究的需要，我们又将其细分为以下六类（见表1-1）：

1. 红色文物资源，属于可移动的实物，包括原始的文献、档案、出版物，革命先辈、人物、烈士的遗物，以及其他具有红色象征意义的物件等。

2. 红色遗迹资源，属不可移动的实物，即红色历史、革命事件的活动现场和重要人物的故居等，如会议旧址、战斗遗址、先辈旧居。

3. 红色设施资源，也属不可移动的实物，但与红色遗迹资源不同之处在于，它是红色文化的展示空间与见证物，包括纪念碑、纪念馆、博物馆、烈士陵园、红色网站，以及其他红色文化设施等。

4. 红色精神资源，着重反映思想、意识和观念层面上的内容，如革命精神、革命思想、革命标语、革命口号和相关的规章制度，以及红色人物的事迹与故事等。

5. 红色文艺资源，包括原始的红色歌曲、红色戏剧、红色歌谣，以及汇编整理的革命史料，革命先辈（人物、烈士）的传记、回忆录、访谈等。

6. 红色衍生资源，即依据相关红色文化，再创作出的影视、文学、歌曲，以及新开发的红色文化创意产品等，红色衍生资源部分具有实物属性，部分又以非物质形态存在，可单独归一大类。

本书在探讨红色文化资源的保护与传承时，是遵循以上基本概念、内涵和分类系统来展开的。

表1-1　　　　　　　　红色文化资源的基本类型

两大类	六小类	具体形态举要
物质类红色文化资源	红色文物资源	可移动的实物资料，如原始文献、遗物等
	红色遗迹资源	不可移动的实物，如会议旧址、人物故居等
	红色设施资源	红色文化展示空间及见证物，如纪念馆、陵园等
非物质类红色文化资源	红色精神资源	革命思想、精神、标语、口号、革命事迹与故事等
	红色文艺资源	原始的红色文学与艺术作品、汇编整理的史料等
兼具两类性质的红色文化资源	红色衍生资源	再创作的影视、文学、歌曲，开发的文创产品等

二、中华民族共同体意识

关于"中华民族共同体意识"的论述,在中国知网上以"中华民族共同体意识"为主题,检索到的最早的研究文献为李林1986年在中央民族大学学报上发表的《试论"复合民族"》。尽管李林没有直接提出"中华民族共同体意识",但他关于复合民族、民族意识等的讨论①,为"中华民族共同体意识"研究提供了参考和借鉴。在早期的研究文献中,学术界对"中华民族共同体意识"的研究尚未进行深入的理论界定和系统化分析。真正引起学术界热议和积极关注的节点,是2014年的中央民族工作会议,这次会议明确提出要"积极培育中华民族共同体意识"。此后,2017年党的十九大报告将其清晰表述为"铸牢中华民族共同体意识",并写入党章。至此,"中华民族共同体意识"和"铸牢中华民族共同体意识"成为全社会共同关注的重点和焦点。随着学术界掀起的研究热潮,关于"中华民族共同体意识"的概念界定有了完整和深入的阐释。青觉和徐欣顺(2018)认为中华民族共同体意识作为偏正结构类概念,"共同体意识"是其心语,"中华民族"是其限定语,并从共同体的定性、内部共同性、对外情境间性三方面对中华民族共同体的意涵进行了探讨②。在此基础上,青觉和徐欣顺(2018)将"中华民族共同体意识"定义为"就是中华人民共和国国民在承认彼此生存发展的共性条件与历史基础上,

---

① 李林认为复合民族是指两个或两个以上的民族结合起来而形成的一个崭新的多民族共同体,各民族仍具有各自的特点,保持着各自的传统,它是许多民族在共同的地域、经济、文化和传统的基础上产生的新的共同体,并以一定的政权作为其产生和存在的必要条件。详见李林:《试论"复合民族"》,《中央民族学院学报》1986年第6期。

② 首先,共同体的定性意味着中华民族是一个聚合关系实体,是国内各族人民"长期的交流、交往、交融,形成你中有我、我中有你多元一体的"联结性民族实体。其次,在内部共同性上,以各族人民平等的国民身份为同一性构成,以各族裔、各行业、各地域等的共善生活为导向,引领积极共同的价值关怀与奋斗目标,也就是中华民族的伟大复兴,这需要全体成员能够互通往来、相互包容、友爱和谐、团结奋斗。最后,在对外情境间性上,以中国国家主权为边界,是主权范围内的国民关系实体。详见青觉、徐欣顺:《中华民族共同体意识:概念内涵、要素分析与实践逻辑》,《民族研究》2018年第6期。

秉持共善价值规范与能动维护意愿的复兴凝聚心态"①。高承海（2019）对 2014 年中央民族工作会议之后的关于中华民族共同体意识内涵研究的文献进行了梳理总结，认为当前学术界对中华民族共同体意识的内涵主要存在三种理解，分别是将中华民族共同体意识看作一种心理意识、一种民族观、一种国家认同，并围绕这三种理解提出了一个整合性概念，即"中华民族共同体意识"的本质是各民族成员对共有身份"中华民族"的认同意识，包括认知、情感和行为三个维度②。而郑旺全和赵晓飞（2021）也认为"中华民族共同体意识"的内涵包含认知、情感和行为三个维度，他们是基于中华民族共同体意识在政策话语和理论话语中的演进，构建了以"五个认同"为核心的内涵分析框架③。董慧和王晓珍（2021）从历史唯物主义对"中华民族共同体意识"进行了纵深考察，指出其本质内涵是"各民族在历史实践中形成并发展的、理性与感性相统一的社会意识。"④

综上所述，学术界对"中华民族共同体意识"内涵的界定，大多认为这是一种对中华民族共同体的认同意识，这种认同意识包括认知、情感和行为三个维度。按照青觉和徐欣顺（2018）偏正结构类概念的解释，这种认同意识是限定于中华民族，即认同中华民族是一个共同体的意识。

---

① 我国各族人民共同交往生活的记忆、感知与期许，是对我们是谁和想要成为谁的基本回应，也是中华民族共同体意识的主要意涵，里面渗透着各族人民共生繁荣的基本信念，从而能够规避民族的衰败与危机复觅，并积极向上的导向伟大与复兴。详见青觉、徐欣顺：《中华民族共同体意识：概念内涵、要素分析与实践逻辑》，《民族研究》2018 年第 6 期。

② 认知维度者，就是各民族成员既能认识到自己属于中华民族的一员（自我归类）且了解中华民族的知识（历史与文化等），也能认识到中华民族"多元一体"这个特征；情感维度者，即各民族成员对中华民族这个集体身份的归属感，该维度涵盖上述将中华民族共同体意识作为一种集体（国家）认同的理解；行为维度者，即传承中华民族文化、弘扬中华民族精神，以及维护中华民族大团结表现出来的行为倾向。详见高承海：《中华民族共同体意识：内涵、意义与铸牢策略》，《西南民族大学学报》（人文社科版）第 40 卷第 12 期，2019 年 12 月。

③ 郑旺全、赵晓非：《中华民族共同体意识的话语演进与内涵深化——基于"五个认同"建构中华民族共同体意识内涵体系框架》，《民族教育研究》第 32 卷第 2 期，2021 年 4 月。

④ 其包含确认根本归属的政治认同、建构共有精神家园的文化认同、凝聚共同体意识的身份认同三重内涵。其中，政治认同是最基础的内涵层次，体现为各族人民在国家和中华民族共同体中的根本归属；文化认同是本质意蕴，是最深层次的认同，是中华民族共有精神家园之所依；身份认同是各族人民对自身共同体成员的归属确认，既包括在中华民族中的个体身份肯认，还包含各族人民在与世界交往中的群体归属肯认。详见董慧、王晓珍：《中华民族共同体意识的基本内涵、现实挑战及铸牢路径》，《中南民族大学学报》（人文社会科学版）第 41 卷第 4 期，2021 年 8 月。

第二章

红色文化资源的内涵释义及时代价值

第一节 红色文化资源的内涵释义

红色文化蛰伏于近代,起源于五四运动,形成于新民主主义革命时期,并在社会主义革命建设、改革开放及社会主义新时代的实践中不断积淀、创新与发展。历经不同历史时期的丰富与发展,红色文化被赋予了深厚的底蕴和丰富的内涵。

一、红色文化是马克思主义中国化的先进成果

鸦片战争后,中国成为列强欺凌的对象,我国的仁人志士怀着强烈的民族意识对救国救民的道路进行了一系列探索与尝试,掀起了一次次救亡图存的运动,但都未能完成民族独立的时代使命,中国的面貌没有发生实质性的改变。五四新文化运动前后,各种新学说与"主义"涌入中国,我国具有忧患意识

的知识分子们面对各种改造中国、发展中国的新思潮进行了艰难的思考与抉择。其中一部分有识之士从俄国的十月革命中看到了希望与曙光,开始接受并传播马克思主义。马克思主义是指导无产阶级和全人类解放运动的理论体系,从一开始传入中国便显示了其普遍的适应性,并以其自身的真理性与强大的生命力战胜了工读主义、互助主义、无政府主义、泛劳动主义等各种思潮,在中国得到广泛传播,并为中国共产党的成立与红色文化的产生奠定了思想基础。

1921年,中国共产党登上历史舞台。中国共产党成立初期,创造性地将马克思主义的普遍真理与中国的革命实践相结合,以马克思主义为指导,用马克思主义观点分析了中国半殖民地半封建的社会性质与民主主义革命的性质,并在马克思主义的指导下确立了中国共产党的纲领和章程,明确了中国共产党的阶级属性,成功地开创了中国革命的全新道路,建立了新中国,带领广大人民实现了民族独立与人民解放,使中华民族实现了"站起来"的伟大飞跃,并在这一历程中创建了红色文化。可见,红色文化是在马克思主义理论与中国具体实际不断结合的实践历程中孕育形成并不断发展壮大的,凝聚和激励着全党和全国人民团结奋进,指引着中国的革命斗争与社会主义的建设。马克思主义是红色文化创造与发展的精神源泉与理论指南,红色文化以其特有的形式涵盖和表达了马克思主义中国化与时代化的过程和规律,是不断发展着的马克思主义,也是马克思主义中国化与时代化的结晶。

二、红色文化是中国精神的生动体现

红色文化是我国广大人民在中国共产党的带领下创造的先进文化,而中国共产党从成立起,就把为共产主义、社会主义奋斗确立为自己的纲领,可以说,红色文化本身就蕴涵着中国共产党的理想信念。红色文化蕴含的这一理想信念以马克思主义的科学理论为根基,以广大人民利益为出发点,凝聚着一代代中国共产党人为远大理想实践中的不懈奋斗,标识着中国共产党人崇高的价值追求与强大的精神动力。新民主主义革命时期,中国革命的主要任务是推翻帝国主义、封建主义、官僚资本主义"三座大山"的压迫,实现民族的独立与人民的解放。在祖国和民族危难之际,人民的民族意识觉醒。在国家认同的熔铸下,在共产主义远大理想的激励和指引下,革命先辈们始终秉持革命必胜的坚定信念，在血与火的战场上视死如归、大义凛然，为探索救国救民的道路、为挽救国家和民族危亡而不懈奋斗，创建了无产阶级的红色政治文化。社会主义革命和建设时期，中国共产党为实现新中国的繁荣发展，带领人民群众进行社会主义革命，中国共产党人在红色精神的引领下，坚持共产主义远大理想信念，积极投身新中国的建设实践中，书写了"敢教日月换新天"的豪情壮志，为崇高理想赋予了更为具体实在的内涵。改革开放时期，中国共产党人在红色文化革命精神和时代精神的鼓舞下，坚守共产主义崇高理想，以敢为人先、搏击潮头的干劲积极投身于改革开放的伟大实践中，开创了中国特色社会主义道路，为推动社会主义制度不断完善、加快社会主义现代化建设而不断努力。

实践证明，在中国共产党的带领下，红色文化所蕴含的共产主义远大理想引领着中国人民在新民主主义革命时期、社会主义革命和建设时期、改革开放和社会主义现代化建设新时期、中国特色社会主义新时代谱写了中华民族实现伟大复兴的壮丽篇章，共产党人所彰显出的坚定的理想信念、保家卫国的爱国主义情怀、自强不息的民族精神、全心全意为人民服务的宗旨、英勇献身的革命精神、艰苦奋斗的优良传统、自力更生的创业精神等，既形成了独具红色魅力红色精神，同时又丰富了中华民族精神的内涵与实践，红色文化是中国精神的生动体现。正如习近平总书记所指出的："经过几千年的沧桑岁月，把我国五十六个民族、十三亿多人紧紧凝聚在一起的，是我们共同经历的非凡奋斗，是我们共同创造的美好家园，是我们共同培育的民族精神，而贯穿其中的、更重要的是我们共同坚守的理想信念。"[1]

三、红色文化是中华民族的文化符号

红色文化是中华民族各族人民在中国共产党领导下，共同创造的优秀文化，是中华民族各族人民共同智慧的结晶，是中华民族各族人民的共同历史记忆。中华民族各族人民共同见证了中国共产党带领中华各族儿女在社会主义建设中取得的巨大成就。中国共产党自诞生起就深刻认识到，无产阶级要取得革

---

[1] 习近平：《习近平谈治国理政》第一卷，北京：外文出版社，2014年，第39页。

命的胜利必须团结一切可以团结的力量，建立起最为广泛的统一战线。在土地革命时期，中国共产党建立了工农红军和农村革命根据地，利用传统文化宣传革命理论和革命理想信念，激发了农民群众的革命热情，引导农民群众参加革命根据地建设和乡村政权建设，推动了红色文化的繁荣发展。在抗日战争时期，中国共产党把人民群众作为革命的生命之基和力量之源，依靠人民群众和全民族的力量对日作战，建立了最广泛的抗日民族统一战线，在民族危亡的生死关头，各民族、各党派、各阶级、各团体及海外华侨华人都空前地团结在抗日的旗帜下，进一步充实了红色文化的精神内涵。解放战争时期，饱受战乱之苦的各族人民迫切渴望国家的和平与统一，少数民族与汉族人民一同投入人民解放战争，共同建立了新中国，同时使红色文化更加大众化，并逐步走向成熟。新中国成立后，中国共产党带领各族人民进行社会主义革命和建设，建立了民族区域自治制度，保障各民族享有平等的政治地位与法律权益，并出台了多项民族政策促进少数民族在经济、文化、社会等方面的发展，为实现中国梦而共同奋斗。

可见，红色精神是各民族共同培育的，红色文化是各族人民共同创造的，红色文化是中华各族人民共有的文化符号与共同的历史记忆。红色文化植根于中华民族文化的沃土，以中华民族传统文化和传统民族精神为母体，以56个民族的文化为底蕴，汲取了各民族优秀传统文化的养分和精华，按照马克思主义的科学世界观和方法论，在马克思主义中国化与时代化的过程中不断发展壮大，是对中华民族传统文化的继承和发扬。

第二节 红色文化资源的时代价值

无论是在革命战争年代，还是新中国成立后的和平年代，红色文化都发挥过不可替代的重大作用。红色文化在革命年代，增强了党的影响力与号召力，提升了人民军队的凝聚力与战斗力，赢得了广大人民群众的支持与拥护。在经济全球化与世界文化多元化的新时代，在中国特色社会主义新时代，红色文化仍是中国人民夺取新征程胜利的精神支柱。

一、红色文化是巩固意识形态工作的重要抓手

随着经济与信息全球化的不断发展，中国逐渐走向世界舞台的中央，西方敌对势力也进一步加大了对我国思想文化和意识形态领域渗透的力度，大肆传播和扩散非马克思主义和反马克思主义的思想，抹黑和贬低中国特色社会主义制度，曲解和否定我们的党史国史和军史，污蔑和丑化我国的领袖与英雄人物，企图动摇社会主义根基，瓦解人民群众对中国共产党和中国特色社会主义的认同，对我国实施"西化"和"分化"的战略图谋。西方敌对势力的思潮在一定程度上冲淡和弱化了我国的主流文化，一些群众的主流意识形态观念淡薄，价值观念出现了异化扭曲，开始迷信西方资本主义与西方文化，对共产主义产生怀疑并丧失信心，严重干扰了中国特色社会主义的发展。在我国意识形态面临如此严峻挑战的情形下，加强我国的文化自信建设刻不容缓，必须充分发挥红色文化对当前意识形态工作上的引领作用，抵制各种错误、腐朽和反动思潮，以红色文化所蕴含的马克思主义唯物辩证观、共产党人坚定的理想信念、中华民族伟大精神来引导人民群众树立和坚定马克思主义的科学信仰，巩固中国共产党在意识形态领域的领导权，抵制西方敌对势力意识形态对我国的渗透。

二、红色文化是社会主义核心价值观的天然载体

红色文化涵盖了爱国主义民族精神、自强不息的进取精神、和而不同的包容精神、勇于革命的精神、艰苦奋斗与自力更生的创业精神、实事求是的科学进取精神，以及中华民族的优良传统等文化本源元素，并融入了现代的法治思想、民主意识、创新观念等主流意识形态。红色文化所蕴含的精神价值和社会主义核心价值观一样，诠释和涵盖了从国家层面到社会层面、再到公民层面的价值遵循与价值诉求，红色文化与社会主义核心价值观在巩固马克思主义对我国意识形态领域的指导地位、坚定中国特色社会主义道路和共产主义理想信念、推进社会主义核心价值体系构建、凝聚和引领各族人民为实现国家富强与中华民族伟大复兴而团结奋斗等方面有着异曲同工的积极作用。红色文化可以

在最大程度上使不同地区、不同民族、不同行业、不同阶层的群体产生价值共识与思想共鸣，形成全社会、全国人民的价值认同与共识，增强社会主义核心价值体系教育的有效性，是社会主义核心价值观的天然教育载体。

三、红色文化是坚定"四个自信"的根本支撑

首先，红色文化有助于增强道路自信。红色文化是中国共产党不断成长发展壮大的历史见证，也是中国共产党永葆生机活力的魅力所在。红色文化的创建与发展史，其实就是一部中国共产党领导各族人民群众实现国家富强与民族复兴的艰苦奋斗史。正如习近平总书记所指："数千年来，中华民族走着一条不同于其他国家和民族的文明发展道路。我们开辟了中国特色社会主义道路不是偶然的，是我国历史传承和文化传统决定的。"① 红色文化蕴含的革命、建设、改革时期的丰富精神内涵清晰阐释了中国共产党带领广大人民群众所开创的道路是基于民族的选择、基于国家的选择、基于人民的选择，顺应了社会历史发展大势，是正确的道路，不仅选得对，而且能走得通，是历史的必然。

其次，红色文化有助于增强理论自信。红色文化创建的基础与核心是马克思主义真理，并且是在马克思主义的指导下发展壮大的，红色文化是马克思主义理论与中国具体实际相结合的产物，是马克思主义中国化与时代化的成果。弘扬红色文化，最根本的是要以马克思主义理论武装思想，引导人们站在马克思主义辩证唯物主义与历史唯物主义的立场上分析与解决问题，辨别各种社会思潮的真伪，认清各种思想流派的本质，从而认识到中国特色社会主义理论的先进性，帮助人民群众增强理论自信。

再次，红色文化有助于增强制度自信。红色文化的发展史证明，中国共产党选择社会主义制度是民心所向，是大势所趋，只有社会主义才能救中国。新中国成立后，中国共产党带领广大人民群众进行社会主义革命与建设，确立了社会主义制度，其后历经不断探索与改革创新，社会主义制度由于其代表了最广大人民的根本利益，保障人民当家作主，深得人民的拥护，在自我创新发展

---

① 《习近平在中共中央政治局第十八次集体学习时强调：牢记历史经验历史教训历史警示为国家治理能力现代化提供有益借鉴》，人民日报，2014－10－14。

中彰显了显著的优越性，取得了伟大的成就。红色文化植根于中国特色社会主义的实践，红色文化资源的每一处革命遗址、每一件珍贵文物、每一则革命故事都以无可辩驳的事实折射着革命先辈崇高的理想与爱国情怀，展示着中国共产党的英勇伟大，彰显着中国特色社会主义制度的优越性。弘扬红色文化，可以深化人民群众对中国特色社会主义制度的认同，增强广大人民群众对中国特色社会主义制度的自信心与自豪感。

最后，红色文化有助于增强文化自信。红色文化内涵的远大理想、革命精神、优良作风、政治品格、高尚境界与中华传统文化在价值取向、精神追求、光荣传统等方面有着诸多契合性与一致性，呈现出鲜明的中国特色和民族气派。红色文化的文化建构整合了从5000多年华夏文明中升华成的中华民族传统文化、56个民族创造的各具特色的多元民族文化、革命战争年代和社会主义建设时期的社会主义先进文化，汲取了各种优秀文化的营养精华，并随着时代不断创新发展，兼具民族性与时代性、科学性与实践性，彰显出了强大的生命力，是文化自信的根本支撑，是文化自信的重要源泉。

四、红色文化是国家软实力的关键来源

在世界多极化、文化多元化的时代，国家之间的竞争不仅仅是经济、军事和科技上的竞争，更表现在文化、制度、民族精神等文化软实力上的较量。红色文化在中国传统文化的沃土上生根发芽后，准确把握了时代发展的脉搏，汲取了中国共产党各个时期的文化的精神内核，引领着中国共产党取得了革命的伟大胜利，经济社会发展取得了显著的成就，团结各族人民将国家建设得更加富强并逐渐走向国际舞台中央，使我国在世界经济、政治、科技等方面的地位得到显著提升，国际影响力持续增强。在当今多元思想文化冲击的背景下，增强人民群众对中华文化的自信、进一步提升国家软实力、构建国际话语体系、提升国际话语权尤为重要，而红色文化所具有的深厚底蕴与中国精神、中国价值理念为提高国家软实力、为国际社会传递中国文化、彰显中国魅力提供了载体与原动力。

五、红色文化是铸牢中华民族共同体意识的牢固基石

我国是一个统一的多民族国家，是一个有着共同利益与共同目标的各族人

民共同体,各族人民怀有实现中华民族伟大复兴的共同梦想,有着共同的文化思想基础。习近平总书记在2013年3月17日的第十二届全国人民代表大会第一次会议上指出:"实现中国梦必须弘扬中国精神。这就是以爱国主义为核心的民族精神,以改革创新为核心的时代精神。"① 红色文化诞生于各族人民共同追求国家独立与民族解放的革命实践中,铭记了各族人民共同追求独立、解放、自由、富强、幸福的真切历程,其内含的爱国主义精神、革命精神、艰苦奋斗精神、自强不息精神、大公无私精神、创新创业精神、团结奋进精神等体现了中华民族的气概、品质与情怀,是中国精神的生动体现。红色文化是各族人民共同创造的先进文化,是各族人民共有的历史追忆,是凝聚于中华民族共同体中的牢固纽带,对凝聚各族人心,形成共同力量,实现我们民族复兴伟大的中国梦,都是非常有重要的精神作用。弘扬红色文化,有助于增强各族人民对中华民族的归属感与认同感,鼓舞各族人民同心同德,不断形成实现国家富强、民族复兴、人民幸福的强大合力,最大限度地调动起一切积极因素,克服前进道路上的艰难险阻,夺取中国特色社会主义事业的更大胜利。

---

① 《十八大以来重要文献选编(上)》,中央文献出版社,2014年,第234-235页。

第三章

边境地区红色文化资源保护与传承的必要性及利好因素

第一节 红色文化资源保护与传承的必要性

红色文化作为一种重要资源，其精神渊源可上溯至中华优秀传统文化，近接近代"先进的中国人"所力行的救亡文化和革命文化，更与马克思主义传入中国后的五四新文化相融，与民族的科学的大众的新民主主义文化相贯通，下启中国特色社会主义文化。红色文化是中国共产党领导中国各族人民在中国革命中构建的新民主主义文化的伟大创造，包括五四精神、红船精神、铁军和南昌起义精神、井冈山精神、苏区精神、长征精神、延安精神、红岩精神、西柏坡精神、全民族伟大抗战精神、抗美援朝精神等。中华人民共和国成立以后的大庆精神、"两弹一星"精神、红旗渠精神、雷锋精神、焦裕禄精神等，则是红色文化的弘扬与延伸。

边境地区红色文化是以红色革命道路、红色革命传统和红色革命精神为主线的集物态、事件人物和精神为一体的内容体系。既有物质层面的要素，又有非物质层面的要素。可以将其概括为革命年代中的"人、物、事、魂"。其中的"人"是在革命时期对革命有着一定影响的革命志士和为革命事业而牺牲的革命烈士；"物"是革命志士或烈士所用之物，也包括他们生活或战斗过的革命旧址和遗址；"事"是有着重大影响的革命活动或历史事件，"魂"即红色精神。

边境地区红色文化资源是特定时期所形成的历史与传承，是边境地区人民在革命、建设、改革时期艰苦奋斗，可歌可泣的事件下形成的精神意志品格。边境地区红色文化资源的形成有着特定的历史背景，主要参与者是在中国共产党的领导下的边境地区的人民群众。这些弥足珍贵的红色资源勾勒了中国革命的红色格局和发展脉络，承载着惊心动魄的民族记忆，是固化了的历史。因此，边境地区红色文化具有独特的历史价值和时代价值，保护、传承和弘扬红色文化具有十分重要的意义。

一、有利于构建社会主义核心价值体系

党的十九大报告指出："中国特色社会主义文化，源自于中华民族五千多年文明历史所孕育的中华优秀传统文化，熔铸于党领导人民在革命、建设、改革中创造的革命文化和社会主义先进文化，植根于中国特色社会主义伟大实践。"红色文化是中国特色社会主义文化的重要组成部分，蕴含着丰富的革命精神和厚重的历史文化内涵，承载着中国共产党人的初心和使命。在中国特色社会主义进入新时代的大背景下，我们必须把保护传承弘扬红色文化作为一项重大政治责任和铸魂工程来抓，使红色文化转化为中国精神、中国价值、中国力量，成为决胜全面建成小康社会、夺取新时代中国特色社会主义伟大胜利的内生动力。因此，边境地区红色文化资源的保护与传承是建设中国特色社会主义文化的需要。

保护与传承边境地区红色文化有利于形成爱祖国、爱人民、爱集体、爱劳动、爱党、爱社会主义的主流文化和主流意识形态，形成坚定的政治信仰，构筑强大的中国特色社会主义文化，为社会的和谐稳定提供强有力的文化支撑和思想保证。当前，我国处在全面建成小康社会、实现第一个百年奋斗目标之后，乘势而上开启全面建设社会主义现代化国家新征程、向第二个百年奋斗目标进军的关键时期，各种文化和思想相互交织，意识形态领域的独立性、多变性和差异性增强。随着市场经济体制的快速转型，人们的思想意识形态和价值观念出现了一定程度的失衡，主流信仰危机，只有坚持社会主义核心价值体系引领多样化的思想意识，才能适应社会主义市场经济发展的要求。

保护与传承边境地区红色文化有利于形成爱祖国、爱人民、爱集体、爱劳动、爱党、爱社会主义的主流文化和主流意识形态，形成坚定的政治信仰，构筑社会主义核心价值观体系。因此，边境地区红色文化资源的保护与传承是构建社会主义核心价值体系的需要。

我们党在如火如荼的革命斗争中，在革命和建设的实践中，形成了追求真理、坚守信念、艰苦奋斗、实事求是、依靠群众、勇于拼搏、开拓进取等崇高精神，进而通过整合、提炼、升华而形成了科学社会主义理论与民族文化融为一体的"红色文化"。红色文化作为一种先进的马克思主义意识形态文化，既继承和发展了马克思主义，又兼收并蓄了古今中外的优良文明成果，已经和中华民族优秀传统文化为一体。因此，边境地区红色文化资源的保护与传承同时也是弘扬中华优秀传统文化的需要。

二、有利于维护边境的安全稳定

边境地区是我国少数民族生息繁衍的主要地区。我国少数民族大多围绕边境而居且存在不少跨境民族。而且，我国地缘政治形势复杂，陆地边境与14个国家接壤，周边邻国众多，尤其是境外国家的政局动荡、冲突与民族宗教纷争"外溢"传导到国内，容易对我国边境民族地区的安全稳定造成负面影响。为了维护边境稳定，民族团结，我国实行民族区域自治制度，推行民族平等、民族团结和各民族共同繁荣的政策；依法保护宗教信仰自由，禁止民族歧视；对少数民族实施一系列优惠政策，通过发达省份对民族地区的对口帮扶和西部大开发，边境民族地区的面貌焕然一新，经济实现了跨越式发展，人民生活不断改善，社会总体保持稳定。然而，边境民族地区作为感知国际风云变幻和周边地缘政治变动的敏感地带，深受中国与外部世界关系变化的影响和冲击。尤其是在新民族主义浪潮冲击下，边境民族地区的民族分裂主义思潮抬头，西藏、新疆等地社会稳定大局受到冲击，暴恐活动打而不绝。世界面临的不稳定性不确定性突出，世界经济增长动能不足，贫富分化日益严重，地区热点问题此起彼伏，恐怖主义、网络安全、重大传染性疾病、气候变化等非传统安全威胁持续蔓延，人类面临许多共同挑战。

当前，中国特色社会主义进入新时代，我国国家安全和社会安定面临的威胁和挑战增多，特别是各种威胁、危机和挑战联动效应明显，新时代必须发挥红色文化对维护国家安全的思想导向功能，既保持清醒头脑、强化底线思维，又有效防范、管理和处置国家安全风险，有力应对、处理、化解社会安定挑战。边境地区红色文化资源的保护与传承是维护边境安全稳定的需要。

三、有利于铸牢中华民族共同体意识

广大民族地区的红色文化资源是中国共产党领导团结各族群众进行伟大斗争的历史见证。"红军为贫苦老百姓打天下得到了少数民族同胞的理解与支持……各少数民族积极为红军筹粮、带路、抢救伤员、提供情报等，这种军民鱼水情深锻造了独具特色的民族红色文化。"[①] 换言之，中国共产党在广大民族地区，宣传了革命思想，撒播了红色火种，促进民族团结，书写了英雄事迹。各族群众也纷纷参与红色文化的这一生发过程，所留存下来的人、事、物、魂等区域红色文化资源，成为各民族团结奋斗、和谐交往的时代叙事与历史见证，也因此成为铸造中华民族共同体意识的重要历史资源与价值资源。习近平总书记曾指出："实现中国梦必须凝聚中国力量。这就是中国各族人民大团结的力量。"[②] 中国特色社会主义新时代，民族地区红色文化，是开展民族团结进步教育的重要资源，是"五个认同"教育的宝贵资源，也是一种能增进各少数民族群众"五个认同"的文化资源。平等团结互助和谐的社会主义各民族关系，是以中国共产党的领导为核心的，以祖国统一和社会主义制度为基础的。在边境地区、民族地区保护与传承红色文化资源，能极大地促进我国各民族像石榴籽一样紧紧地拥抱在一起，确保中华民族在团结奋进中凝聚起磅

---

① 唐碧君：《贵州红色文化传承现状及建设思路》，《改革与开放》2017 年第 20 期。
② 习近平：《习近平谈治国理政》，北京：外文出版社，2014 年，第 40 页。

礴力量,铸牢中华民族共同体意识,从而为共创中华民族伟大复兴梦想提供强大主体力量。

四、有利于促进区域经济协调发展

从边境地区自身来看,边境地区丰富的红色文化资源,不仅是一种思想文化资源,还是社会主义市场经济环境下一种重要的经济资源,能满足人们日益增长的美好生活需要,是富含经济效益与社会效益的"文化矿产"。正所谓物质矿产资源是越挖越少,而"文化矿产资源"却越挖越厚。边境地区不仅红色文化资源丰富,而且多处山区,环境优美,山清水秀、风景宜人,具有独特的绿色资源与生态优势,能直接转化为经济资源和经济优势,用习近平总书记的话说,"绿水青山就是金山银山"。习近平总书记还强调:"让老区农村贫困人口尽快脱贫致富,确保老区人民同全国人民一道进入全面小康社会,是我们党和政府义不容辞的责任。"革命老区和老区人民为中国革命胜利作出了重要贡献,我们要饮水思源,不能忘记革命先辈、革命先烈,不能忘记革命老区的父老乡亲。要传承革命先辈的艰苦奋斗和乐观主义精神,真抓实干,推动老区致富路再上新台阶。要充分发挥红色文化资源的经济潜力,带动民族地区经济水平的提高,提高边境地区各族人民的生活水平。通过差别化的扶持、对口支援、精准扶贫扶志等政策提升民族地区经济发展水平,夯实民族地区的经济基础,改善和提高民族地区民众的生活和物质水平。因此,边境地区红色文化资源的保护与传承是促进区域经济协调发展的需要。

五、有利于增强中华民族的文化自信

党的十九大着重指明要发展先进文化,加强文化自信,并将文化战略定位成强大祖国的战略着眼点。一个有丰富阅历的民族在长期历练中会形成特有的、独一无二的文化形式,这种文化个性是民族向心力的重要来源。红色文化作为中国特色社会主义先进文化至关重要的一部分,以特有的内涵在国家、人民与社会层面发挥着共享、沟通、联络和融合的作用,解决的是党和人民不断砥砺前行、发奋图强的动力问题。习近平总书记曾说:"无数的先烈鲜血染红了我们的旗帜,我们不建设好他们所盼望向往、为之奋斗、为之牺牲的共和国，是绝对不行的。"红色是我们国家的色调，也是中国共产党的色调，历史证明，只有中国共产党才能救中国，只有中国共产党才能发展中国。只有突出红色文化，才能增强文化自信。

文化强国是我国发展的重大战略之一，未来要让中华文化以更加绚丽的色彩呈现在国际舞台上。当今，我国经济发展迅速，成为世界第二大经济体，但文化软实力并没有同步提升，在国际上，我国的孔子文化也得到国际社会的青睐和广泛认同，而红色文化作为中国伟大实践孕育的社会主义先进文化，却没有得到应有的重视和发展并走出国门，起到提升国家文化软实力的作用。红色文化是中国人民民族气节、价值观念和道德准则的集中体现，为提升国家软实力提供丰富的精神信仰资源，无论是革命战争年代的"胸怀理想、坚定信念"的井冈山精神，还是社会主义建设时期的"为国分忧、忘我拼搏"的焦裕禄精神，以及"无私奉献、艰苦奋斗"的雷锋精神，都是具有强大号召力和感召力的文化资源，可以鼓舞人心、提升斗志，共同为增强国家文化软实力筑牢思想根基。红色文化是打造文化强国的有力手段，是使我国文化走出去的一张王牌。红色文化不仅服务于我国人民，还要逐渐为世界了解、服务于世界，边境地区红色文化的独特呈现，让世界了解中华文明，理解中国共产党发奋图强、中华儿女执着追求的百年梦想，把文化强国建构在中国与世界对红色文化的领略和接受上。因此，边境地区红色文化资源的保护与传承，是增强文化自信的需要，是建设文化强国的需要。

第二节　红色文化资源保护与传承的利好因素

党的十九大报告指出，"没有高度的文化自信，没有文化的繁荣，就没有中华民族伟大复兴"。在红色文化价值日益凸显的新时代，传承和发展红色文化成为坚定文化自信，建设社会主义文化强国的客观要求。红色文化蕴含的精神也是集体主义和爱国主义精神的体现，对这种精神的弘扬和传承能提高我国的文化软实力，增强文化自信。红色文化的传承还有利于理解社会主义核心价值体系与国家文化软实力之间的关系，我国文化自信的核心是爱国主义为前提的民族精神传承，红色文化不仅丰富了中华文化内涵，而且有利于坚定中国特色社会主义的共同理想。我国许多边境地区如广西、云南、西藏、新疆、内蒙古有大量的红色文化资源，深入挖掘和利用民族地区红色文化资源，对于加深各族群众对中国共产党光辉历史的了解，增强对中国共产党的认同，促进边境地区、民族地区教育文化事业发展与经济社会发展具有重要的现实意义。目前，边境地区红色文化资源的保护与传承有如下五个利好因素。

一、国家政策对边境地区红色文化资源保护与传承的影响

党和政府历来高度重视红色文化建设。2014 年，习近平总书记在视察南京军区机关时就高屋建瓴地指出，要把红色资源利用好、把红色传统发扬好、把红色基因传承好。红色资源是我们党的宝贵精神财富，保护和传承红色文化资源是我们义不容辞的责任。近几年国家不断颁布保护革命文物、革命遗迹，弘扬红色文化精神内涵的相关文件。一方面是加大对革命文物、革命旧址的保护力度，另一方面是促进红色文化旅游开发，将红色文化与经济发展相结合。这些政策的颁布与实施体现政府倍加重视对红色文化资源的保护、利用和开发，使得边境地区红色文化资源的保护与传承有了更具力度的政策保障。

2004 年 12 月，中共中央办公厅、国务院办公厅印发了《2004—2010 年全国红色旅游发展规划纲要》[①]，就发展红色旅游的总体思路、总体布局和主要措施作出明确规定。2005 年 12 月，国务院印发《国务院关于加强文化遗产保护的通知》（国发〔2005〕42 号）。自此，有关保护红色文化遗产、振兴红色旅游的工作如火如荼地开展。2011 年 5 月、2016 年 12 月，中共中央办公厅、国务院办公厅又相继印发了《2011—2015 年全国红色旅游发展规划纲要》《2016—2020 年全国红色旅游发展规划纲要》。与此同时，国家发展改革委会同中宣部、文化和旅游部、财政部等相关部门又制定发布了《全国红色旅游

---

① 《纲要》指出，发展红色旅游，对于加强革命传统教育，增强全国人民特别是青少年的爱国情感，弘扬和培育民族精神，带动革命老区经济社会协调发展，具有重要的现实意义和深远的历史意义。发展红色旅游有利于加强和改进新时期爱国主义教育、有利于保护和利用革命历史文化遗产、有利于带动革命老区经济社会协调发展、有利于培育发展旅游业新的增长点。

经典景区名录》，其中涉及相关景点 300 处。2014 年 4 月，教育部印发《完善中华优秀传统文化教育指导纲要》（教社科〔2014〕3 号），强调中华优秀传统文化教育与时代精神教育和革命传统教育相结合，既要大力弘扬以爱国主义为核心的民族精神，又要积极弘扬以改革创新为核心的时代精神，传承和弘扬革命传统文化。充分利用博物馆、纪念馆、文化馆（站）、图书馆、美术馆、音乐厅、剧院、故居旧址、名胜古迹、文化遗产、具有历史文化风貌的街区等，组织学生进行实地考察和现场教学，建立中小学生定期参观博物馆、纪念馆、遗址等公共文化机构的长效机制。

2016 年 2 月，中共中央办公厅、国务院办公厅印发的《关于加大脱贫攻坚力度支持革命老区开发建设的指导意见》指出，中央支持老区建设红色旅游经典景区，优先支持老区创建旅游景区，旅游基础设施建设中央补助资金进一步向革命老区倾斜。加大跨区域旅游合作力度，重点打造红色旅游经典景区和精品线路，加强旅游品牌推介，着力开发红色旅游产品，培育一批具有较高知名度的旅游节庆活动。

党的十九大以来，习近平总书记多次到红色革命纪念馆参观考察，强调"发展红色旅游要把准方向，核心是进行红色教育、传承红色基因，让干部群众来到这里能接受红色精神洗礼"。国家层面也出台了很多相关政策大力保护、传承红色文化。

2018 年 6 月，中央军委印发《传承红色基因实施纲要》指出，以史鉴今育人，用好红色资源，强化实践砥砺，推动红色基因融入官兵血脉，确保我军血脉永续、根基永固、优势永存，为推进新时代强军事业提供政治滋养和强大动力。要抓好科学理论武装、开展党史军史宣传教育、加强存史编史研史、开展重要纪念活动、建好用好军史场馆、开发红色革命文化，让红色基因永葆活力、彰显威力。2018 年 4 月 27 日，十三届全国人民代表大会常务委员会二次会议通过《中华人民共和国英雄烈士保护法》，2018 年 7 月，中共中央办公厅、国务院办公厅出台《关于实施革命文物保护利用工程（2018—2022 年）的意见》，对新时代革命文物工作进行了全面部署。2018 年 10 月，中共中央办公厅、国务院办公厅印发《关于加强文物保护利用改革的若干意见》，强调完善革命文物保护传承体系，保护好革命文物，传承好红色基因；加强国务院文物部门职能，提升革命文物的管理能力。2019年7月24日，习近平总书记主持召开了中央全面深化改革委员会第九次会议，审议通过的《长城、大运河、长征国家文化公园建设方案》指出，建设长城、大运河、长征国家文化公园，集中打造中华文化重要标志，对坚定文化自信，彰显中华优秀传统文化持久影响力、社会主义先进文化强大生命力具有重要意义。2019年9月1日，在第十二届全国人大常委会二十九次会议中，通过了《中华人民共和国国歌法》，这些是国家层面为维护红色革命烈士名誉与象征革命精神的国歌尊严的立法，也是弘扬社会主义核心价值观、尊重发扬民族精神的内在需求。2021年2月，国务院印发的《关于新时代支持革命老区振兴发展的意见》明确提出，推动红色旅游高质量发展，建设红色旅游融合发展示范区，支持中央和地方各类媒体通过新闻报道、公益广告等多种方式宣传推广红色旅游。发改委有关负责人也表示，下一步将研究制定支持革命老区红色旅游发展实施方案。同期，文化和旅游部决定遴选推出"建党百年百条精品红色旅游线路"活动。2019年12月30日至31日，全国文物局长会议在北京召开，国家文物局成立革命文物司，安徽、江西、福建、重庆、陕西的省级文物行政部门也增设了革命文物处。革命文物保护工作由此迎来崭新的阶段。《中华人民共和国国民经济和社会发展第十四个五年规划和2035年远景目标纲要》指出，"推进红色旅游、文化遗产旅游、旅游演艺等创新发展"。

同时，全国各地也陆续出台有关保护红色文化资源的地方法律法规，比如2014年9月29日宁波市人民政府常务会议通过《宁波市革命遗址保护利用规定》；2015年，山西省政府组织开展了《"十三五"时期山西红色文化传承保护与发展规划》编制工作，提出要进一步挖掘、弘扬红色文化的精神价值，彰显信仰之美、崇高之美，使红色基因和红色血脉融入全省人民特别是青少年的世界观、人生观、价值观，在三晋大地更好地举精神之旗、立精神支柱、建精神家园；2015年9月17日，重庆市人民政府常务会议通过《重庆市抗日战争遗址保护利用办法》；2017年1月25日，福建省三明市政府出台全省首部保护红色遗址的政府规章《三明市红色文化遗址保护管理办法》，等等。

浙江省出台《浙江省红色旅游发展"十三五"规划》《关于浙江省实施革

命文物保护利用工程（2018—2022 年）的意见》，丽水市编制发布《浙西南革命精神弘扬和红色资源价值转化规划》等重要文件，深刻阐述以红色文化为核心的文旅融合发展战略，为红色旅游开启通向产业化经营大门提供了强大的政策支持。2019 年 10 月山西省颁布了全国首部省级红色文化遗址保护条例——《山西省红色文化遗址保护利用条例》。2021 年 5 月上海市出台《上海市红色资源传承弘扬和保护利用条例》。2021 年四川省的红色资源保护传承条例也进入征求意见阶段。

2019 年广西印发了《关于实施广西革命文物保护利用工程（2019—2022 年）的意见》，主要完成五项任务：夯实革命文物基础工作、加大革命文物保护力度、拓展革命文物利用途径、提升革命文物展示水平、创新革命文物传播方式；重点实施百年党史文物保护展示工程、革命文物资源普查工程、革命文物集中连片保护利用工程、长征文化线路整体保护利用工程、革命文物保护利用精品工程、革命文物宣传传播工程等六大工程。2019 年广西出台《关于加强文物保护利用改革的若干措施》强调，开展全区革命文物的资源调查，建立覆盖城乡的革命文物保护网络。加强革命文物保护维修、安全防范设施建设和馆藏革命文物的征集保护。拓展革命文物利用途径，使革命文物和纪念展示设施成为全区各地红色教育的重要课堂和传播社会主义核心价值观的重要阵地。

2021 年 4 月习近平总书记考察广西的第一站就来到湘江战役纪念园，缅怀革命先烈，赓续共产党人精神血脉，坚定理想信念，砥砺革命意志。革命理想高于天，理想信念之火一经点燃就会产生巨大的精神力量。红军将士视死如归、向死而生、一往无前、敢于压倒一切困难而不被任何困难所压倒的崇高精神，永远值得我们铭记和发扬。在实现第二个百年奋斗目标的新长征路上，我们要抱定必胜信念，勇于战胜来自国内外的各种重大风险挑战，朝着实现中华民族伟大复兴的目标奋勇前进。

二、社会关注度对边境地区红色文化资源保护与传承的影响

在中国近现代轰轰烈烈的革命历程中，我国边疆多民族地区作为重要基地，孕育了特色鲜明的红色文化资源。西南边境地区的红色文化资源数量规模

可观、类型丰富多样、资源组合科学。除了得天独厚的自然环境外，文化氛围也十分浓厚，从古至今，文人骚客挥笔执墨，英雄豪杰指点江山，具有一脉相承的历史传统，创造了颇具价值的红色文化资源。在红色文化价值日益凸显的今天，边境地区的红色文化资源得到社会各界的广泛关注。如红色旅游不仅多次被写入国家级政策文件，红色文化作为我国革命时期的特色文化和民族奋斗历史的写照，其教育、资源保护和经济带动的作用得到了国家层面的充分重视。对红色文化资源关注度空前高涨，从专家学者到普通大众，从科研院所到企业公司，从城市到乡村掀起一股红色文化热潮。红色资源系列旅游线路吸引了大量游客，受到了多方关注，微博、微信、知乎等软件上对于边境地区红色文化资源的讨论愈加频繁。类似"速看！广西必去的16个红色文化旅游景点"等相关话题不断涌出，这表明边境地区的红色文化正在不断被大众所认知与了解。

随着人民文化素质的不断提高和相关项目建设的不断推进，红色旅游的市场规模日渐扩大，这种传承文明、振奋精神、增加阅历的旅游形式，正在旅游市场上持续升温。我国边境地区的丰富红色文化资源，是我国文化的重要组成部分，其历史价值应该受到关注。只有当国家、社会、企业和个人共同关注边境红色文化资源，才能够更好地保护和利用革命历史文化遗产。广西红色文化资源丰厚，全区共有84个县被列入革命老区，占全区县市区总数的75.7%。以广西桂林市为例，其探索出了一套行之有效的宣传推广方式，探索创建以桂林市红色文化为主题的独立网站和网上纪念馆。利用微信、微博等信息手段开展宣传推广，进一步扩大桂林红色旅游、文化资源的影响力，提升知名度、美誉度。不断创新宣传内容、方式，积极运用新媒体，大力推广"互联网+红色文化"模式，建立完善红色网站、网上展馆，尝试智能导游、电子讲解、在线预定、信息推送全覆盖等手段，让桂林市红色文化资源的开发插上信息化的翅膀。桂林市探索出的这个方法，不仅让边境地区的红色文化资源得到保护，让其"活"了起来，而且促进了该地区的经济发展。这个方法让该地区，甚至是整个社会的人都更加充分地认识到广西地区文化的丰富多样性，提升了文化自信度。

三、区域互联对边境地区红色文化资源保护与传承的影响

区域互联是指不同区域间共同进行基础设施建设,共同发展,是由不同区域人才交流、技术信息共享、基础设施建设及公共服务管理等多领域多方面共同构成一个紧密联系的完整的系统。近年来,基于科技不断创新发展,万物互联互通已逐渐成为现实,科技进步,促进了不同区域间政治、经济、文化、生活领域的沟通交流。"一带一路"的发展是区域互联互通的一个重要典范。通过不同地区共同建设交通基础设施、公共服务设施等促进区域互通,有利于边境地区、民族地区间加强经济贸易、文化沟通融合,最终实现共同进步、共同繁荣发展。整体与区域、区域与区域、区域与个体之间互通范围逐渐扩大,区域互联结构不断优化调整,赋予边境地区红色文化资源更广阔的发展前景。

区域互联与红色文化资源相辅相成。一方面,区域互联是地区红色文化繁荣发展的必要前提。城市交通发达,基础设施配套完善,人们的出行变得方便快捷,加速人员在不同地区间流动,节省时间成本,极大地促进了多民族地区红色旅游产业发展,有利于地区红色文化的开发和宣传。另一方面,红色文化资源是区域互联互通的重要体现,也是一个新的经济增长点。边境地区创造了丰富的红色文化资源,国家实施多项政策措施致力于红色文化资源的开发和保护。保护开发文化政策的加持,有效推动区域间的公共交通设施发展,完善道路网络,不断打通区域间的"地理壁垒",逐渐实现了边境地区各区域互联互通。

(一)区域互联结构提升边境地区红色文化保护意识

区域互联互通打破了地域限制,促进了区域经济的繁荣发展,经济与文化互相作用,带动了多民族地区红色文化资源的开发利用。没有了地域鸿沟、信息差等,不同民族地区红色文化百花齐放、百家争鸣,保护传承本民族地区文化成了普遍共识。正如"一带一路"倡议的提出,在不断促进沿线各个国家和地区的文化合作交流的同时也加深了人民对红色文化遗产的保护意识。红色文化是在中国共产党带领中国人民走向自立自强的伟大事业中产生的,是中国特色社会主义共同理想的精神追求。因此,边境地区更要传承好本地区的红色文化精神,不断提高红色文化资源的保护意识。

（二）区域互联结构加速边境地区红色文化向外输出

中国建设社会主义文化强国势在必行，中华文化崛起的重要路径之一就是加快中华优秀传统文化"走出去"。随着政府出台相关政策，公路铁路等基础设施进一步完善，地区与地区间的差距逐渐减小，打破了区域划分限制，并鼓励地区红色文化主动"走出去"，将本地区的红色文化资源通过各种渠道输送到全国各地乃至国际地区，同时借助自媒体的发展加大对本地区红色文化的推广与宣传，吸引更多人了解本地区红色文化，加速文化输出发展。

（三）区域互联结构倒逼边境地区红色文化资源创新发展

加强基础设施建设，实现区域互联互通有利于驱动边境地区红色文化资源的创新发展。中华文化源远流长，坚持创新是优秀文化经久不衰的法宝。基础交通是区域社会生活发展的基础，促进区域一体化互联互通，离不开交通，交通发达促进经济高速发展，然而经济基础决定上层建筑，文化领域属于上层建筑，什么样的文化发展状态匹配什么样的经济发展水平，地方经济高速发展必将倒逼地方文化加速发展，从而推动地方红色文化资源的创新。

"发家致富先修路"。完善基础设施建设，推进区域互联互通，优化产业结构，加快经济一体化进程，积极发挥互联结构的助推效应，坚持将地区红色文化资源的开发与保护放在同等位置，开发中保护，保护中开发相结合，推动边境地区红色文化资源的合理开发利用。

四、乡村振兴战略对边境地区红色文化资源保护与传承的影响

习近平总书记在党的十九大报告中提出乡村振兴战略，以及"产业兴旺、生态宜居、乡风文明、治理有效、生活富裕"的总要求。加快推进农业农村现代化，是决胜全面建成小康社会、全面建设社会主义现代化强国的重大历史任务，是新时代"三农"工作的总抓手。实施乡村振兴战略，促进边境乡村经济发展，带动农民增收，营造良好的乡村文明环境，改善农民生活条件和环境，增强人民的幸福感、获得感、安全感。乡村振兴，除了打造好硬条件，办好吃穿住行四个生活方面，还应该融合开发地方红色文化资源，建设良好的振兴环境。乡村振兴战略目标必须发展乡村文化建设，而乡村中存在着丰富的红色文化资源，红色文化的传播价值、文化价值、教育价值和经济价值等功能日

益凸显，对其所在区域的社会经济、政治文化都产生深远的影响，开发红色文化资源有利于促进乡村振兴战略目标的实现，国家乡村振兴战略的提出，为红色文化资源的保护与传承提供了可行性。

首先，乡村文化振兴是乡村振兴战略的精神基础，提高贫困群众的生产能力和发展能力，是打赢脱贫攻坚战的根本之策、长远之计。发挥红色文化的意识形态作用，强化对贫穷地区民众的扶"智"与扶"志"，通过对身边红色历史文化知识的学习，积极传承和激活红色基因，大力弘扬革命先辈在战争年代自力更生的精神，进而增强自发自立的主观能动意识，主动摒弃等、靠、要思想，在国家政府的支持帮助下，努力学习生产知识技能，依靠双手，努力奋斗，实现脱贫致富奔小康。

其次，开发红色文化资源，可以为发展社会主义市场经济营造良好的文化氛围，为经济的发展提供精神动力和智力支持，促进经济的平稳快速发展，促进经济体制深化改革，可以为脱贫后的农村发挥巩固作用。

再次，红色文化资源的挖掘和开发一般是与文化产业化发展相结合的，特别是在中国大力实施乡村振兴战略背景下，利用红色文化资源带动乡村振兴，不仅有利于乡村文脉的传承，留住乡村记忆，建设美丽乡村，还有利于实现红色文化的软实力向支撑经济发展的硬实力转化，实现乡村振兴。红色文化产业已经成为我国新的经济增长点，在现代经济结构中的作用越来越重要。尤其对于红色资源丰富的革命老区来说，发展红色文化产业可以在很大程度上改善当地落后现状，以"红色+产业+旅游"模式促进经济发展。

最后，边境地区乡村是直接连接外部世界、保卫国家领土主权完整的空间前沿，边民在护边养边、实边固边、巡边卫边中发挥了重要作用，加快边境乡村振兴，有利于改善边民生产生活条件，更好地分享国家发展红利，强化乡村地区的文化和价值引领，促进边境地区乡村社会和谐稳定，夯实边防巩固、边境发展、国家一体化发展的基础。

五、财政投入对边境地区红色文化资源保护与传承的影响

国家文物局 2019 年支出预算 53394.30 万元，基本支出 25787.32 万元，占比 48.30%；项目支出 27606.98 万元，占比 51.70%，其中红色文化地区文物保护支出6931.03万元（约占18.96%），博物馆支出4074.72万元（约占11.14%），其他文物支出16720.4万元（约占45.73%），明显加大了对革命文物的保护力度和投入基金。革命贫困地区以及西南、西北地区的红色文化是革命文物保护利用地区的重中之重。所以国家文物保护专项资金要适当地向革命老区、贫困地区倾斜。

中央财政对于红色旅游的专项资金投入也在持续增加。2016年，财政部共安排资金15.47亿元，有效引导和支持了全国红色旅游健康有序发展，并不断拓展红色旅游教育功能和脱贫富民功能。2019年7月，发改委等七部门联合发布的关于修订印发《文化旅游提升工程实施方案中央预算内投资管理办法》的通知中也提到，红色旅游基础设施建设项目不受最高补助限额的限制。2020年，我国中央财政支持红色旅游景区建设资金则高达60亿元。

根据文化和旅游部相关统计数据，2020年我国红色旅游出游人数超过1亿人次，整个"十三五"期间，红色旅游在国内旅游市场中维持11%以上的市场份额。近日公布的《中华人民共和国国民经济和社会发展第十四个五年规划和2035年远景目标纲要》（以下简称"'十四五'规划纲要"）中也提到，推进红色旅游、文化遗产旅游、旅游演艺等创新发展，提升度假休闲、乡村旅游等服务品质。可以说，当前我国的红色旅游已经进入一个天时、地利、人和的发展时期。站在新的发展阶段，与之相关的供需结构也亟须加快升级步伐。

2019—2022年，广西实施百年党史文物保护展示、革命文物集中连片保护利用、长征文化线路整体保护利用等六大重点工程，全力做好广西革命文物保护利用工作。除了百色起义，发生在广西的著名革命事件还有龙州起义、红军长征湘江战役、抗击日军昆仑关战役等，留下了众多革命遗址和文物。2017年以来，广西利用中央专项资金和各级财政预算近4亿元用于革命文物保护，实施了一批革命旧址维修保护工程和革命文物安防工程项目，有效地保护了一批濒于毁坏的珍贵革命文物，消除了文物安全隐患，极大地改善了文物周边历史环境风貌。

第四章

红色文化资源增进铸牢中华民族共同体意识的理论机理分析

第一节 红色文化资源增进铸牢中华民族共同体意识的理论基础

一、消费文化理论

人类史上真正的消费热潮，与近代资本主义制度的产生息息相关。随着工业化时代的到来，社会化大生产使得消费和商品一样，实现了量和质的飞跃。关于社会化大生产的起点，福特主义生产模式是绕不开的话题。1913年，美国福特公司建造了世界上第一条流水生产线，这标志着现代工业化生产模式的流水线作业成为规模化、标准化生产的基本符号。而这种由福特公司发明的生产形式，也被称为福特主义生产模式，是资本主义制度下追求利润最大化的一种表现形式。生产力的快速发展，推动着生产关系的变革。规模化生产创造了大量商品，为个体消费提供可行性的同时，不断刺激着消费走向社会化。由此使得消费这门理论，在实践的基础上不断被学者丰富和完善。

消费文化理论最早可见于马克思 1867 年出版的《资本论》（第一卷）中关于劳动生产和商品消费的阐述，在马克思的基础上，卢卡奇、弗洛姆、鲍德里亚、布尔迪厄等学者不断对消费文化理论进行深化，并提出了各自的见解，使之形成了系统完整的西方马克思主义消费文化理论。

（一）马克思的消费思想

马克思的消费思想，最先孕育于他提出的"异化劳动"和"商品拜物教"这两个概念。其中，对"异化劳动"的体系研究，主要表现在《1844 年经济学哲学手稿》这本著作中[①]。此后，"异化劳动"成为马克思研究的重要概念，直到在《资本论》的论述过程中被"剩余价值"所替代。"异化"一词，是由拉丁文而来，早在马克思之前就有卢梭、黑格尔等哲学家使用[②]。因而，"异化"最开始属于哲学讨论的范畴，马克思之后，则主要应用于政治经济学领域。马克思对异化劳动的探讨，带有很强的批判色彩，认为在资本主义制度下，人的劳动处于一种异化的状态[③]。这种异化状态主要表现在工人与劳动产品之间、工人的劳动过程之中、人类本质的异化上、人与人关系的异化。而这几种表现形式中，最为严重的异化便是人与人关系的异化，即通过产品，工人被资本家所支配，工人所生产的产品并不是工人的财产，相反地，工人倒成了

---

① 马克思用异化劳动这一核心概念对相关概念如资本、利润、积累、竞争、地租等进行了批判分析，并且以异化劳动的形式和被摒弃这一逻辑发展过程为纵线，穿插论述各种经济学范畴和概念，从而形成了他的异化劳动的基本体系。详见夏之放：《异化的扬弃——〈1844 年经济学哲学手稿〉的当代解释》，广州：花城出版社，2000 年，第 90 页。

② 卢梭增强了"异化"的批判色彩，认为如果国家成为人民的对立面，人民就可以将这种让渡的权利收回。黑格尔的"异化"指的是绝对精神外化为自然界以及扬弃这种对象化返回自身的过程。黑格尔将原来意为权力"转让"和"让渡"的异化，变成带有否定意义的"对象化"和"否定"。详见李辉：《西方马克思主义消费文化理论研究》，山东师范大学博士学位论文，2007 年，第 19 页。

③ "工人生产的财富越多，他的产品的力量和数量越大，他就越贫穷。工人创造的商品越多，他就越变成廉价的商品。物与世界的增值同人的世界的贬值成正比。""劳动所生产的对象，即劳动的产品，作为一种异己的存在物，作为不依赖于生产者的力量，同劳动相对立。劳动的产品就是固定在某个对象中、物化为对象的劳动，这就是劳动的对象化。劳动的实现就是劳动的对象化。在国民经济学作为前提的那种状态下，劳动的这种实现表现为工人的失去现实性，对象化表现为对象的丧失和被对象奴役，占有表现为异化、外化。"详见《马克思恩格斯选集》第 42 卷，北京：人民出版社，1979 年，第 90 – 91 页。

产品的财产①。由此可见,马克思对"异化劳动"的理解,不仅是产品对工人的统治,而且是工人对统治社会的反抗。

"商品拜物教"概念的提出,则是马克思对"异化劳动"的深化和拓展。"商品拜物教"是马克思从宗教学的角度,表达人们对商品的迷恋和崇拜。马克思论述了商品和劳动的二重性质,即商品具有使用价值和价值,商品的使用价值体现了商品的自然属性,商品的价值则体现了商品的社会属性;劳动分化为具体劳动和抽象劳动,具体劳动形成商品的使用价值,抽象劳动形成商品的价值。商品价值背后所隐藏的人与人之间的社会关系,是马克思提出"商品拜物教"的根本缘由②。而商品价值背后所隐藏的人与人之间的社会关系,则是"异化劳动"中人与人关系异化的具体表现。"商品拜物教"所提出的人们对商品的迷恋和崇拜这种现象,在商品经济不发达的社会中,受社会文化所影响,具有文化性。

继"异化劳动"和"商品拜物教"之后,马克思明确提出了他的消费思想。在1857年发表的著作《〈政治经济学批判〉导言》中,马克思论述了生产与消费的辩证关系③。在论述生产与消费辩证关系的过程中,马克思还看到了消费的社会文化意义④。因此,尽管马克思没有直接使用消费文化这一概念,但他从"异化劳动""商品拜物教"到对生产与消费关系的辩证论述,都为消费文化理论的发展提供了养分。

(二) 卢卡奇的物化理论

1923年,卢卡奇的《历史与阶级意识》正式出版,该著作系统阐述了物

---

① 《马克思恩格斯选集》第42卷,北京:人民出版社,1979年,第36页。

② "商品形式的奥秘不过在于:商品形式在人们面前把人们本身的劳动的社会性质反映成劳动产品本身的物的性质,反映成这些物的天然的社会属性,从而把生产者同总劳动的社会关系反映成存在于生产者之外的物与物之间的社会关系。"详见《马克思恩格斯选集》第44卷,北京:人民出版社,2001年第2版,第89页。

③ 马克思认为生产从三方面决定着消费:生产为消费提供对象、生产决定消费的方式、生产为消费提供动力。而消费反作用于生产主要表现在:产品只是在消费中才成为现实的产品、消费创造出新的生产需要。详见《马克思恩格斯选集》第2卷,北京:人民出版社,1995年第2版,第9-10页。

④ 马克思将消费的社会文化意义描写为"饥饿总是饥饿,但是用刀叉吃熟肉来解除的饥饿不同于用手、指甲和牙齿啃生肉来解除的饥饿。"详见《马克思恩格斯选集》第2卷,北京:人民出版社,1995年第2版,第10页。

化理论。卢卡奇物化理论中的"物化",与马克思的"异化"具有异曲同工之妙①。尽管在马克思的研究后期,"异化劳动"被"剩余价值"所替代,但后来进行相关研究的学者,都较为偏爱"异化"一词②。卢卡奇的物化理论的核心观点主要有:人被物化、主体被客体化、物化导致总体性消失。关于人被物化,卢卡奇认为在商品社会中,人与人的关系已变成物与物的关系。人之所以被物化,在于人的劳动和劳动所创造的商品变成一种与人的主体性相对立的力量,而人则被这种物与物的力量所构建的世界所控制③。关于主体被客体化,卢卡奇认为,在资本主义社会中,工人的创造力、活力等这些人的本质特征逐渐被抹除,工人被当作管理的对象,不仅不被允许发挥人的主体性,还在生产过程中机械化,变为客体④。在主体被客体化的过程中,科技发展带来的合理化,不仅使人本身被抽象物化从而可计算,还使得人的主体心理被物化,即工人自觉把自己当作生产的一部分,而不是主导生产。关于物化导致总体性消失,卢卡奇认为细化分工不仅使生产的完成性被分割成一道道工序,而且使工人随着一道道工序被切割为一小部分,人与人之间的联系不断变少,人与人之间的关系因产品的竞争性而变得竞争化,人逐渐变成一个个孤立的原子,人的总体性随之消失。

卢卡奇的物化理论对消费文化的研究产生了深远影响。首先,人心理的物化表明意识形态不仅可以在人们的意识层面推进,还可以在无意识层面推进,即潜移默化地影响。这说明消费文化不仅可以反映人们有意识地对吃穿住行的真实需求,还可以让人们无意识地陷入设计好的消费文化圈套,实现人的心理

---

① 卢卡奇在没有读到《1844 年经济学哲学手稿》的前提下,根据马克思《资本论》等相关著作以及马克斯·韦伯的"工具理性"概念,提出并系统地研究了"物化"问题。
② 相关学者对"异化"更偏爱的原因在于,异化理论不仅可以用来描述生产过程中人的生存状态,而且可以描述社会生活中人的普遍生存状态。并且,"异化"不仅可以应用于政治经济学领域,本身还属于哲学范畴。
③ 格奥尔格·卢卡奇:《历史与阶级意识》,杜章智等译,北京:商务印书馆,1999 年,第 150 - 151 页。
④ "人无论在客体上还是在他对劳动过程的态度上都不表现为是这个过程的真正主人,而是作为机械化的一部分被结合到某一机械系统里去。他发现这一机械系统是现成的、完全不依赖于他而运行的,他不管愿意与否必须服从它的规律。"详见格奥尔格·卢卡奇:《历史与阶级意识》,杜章智等译,北京:商务印书馆,1999 年,第 152 页。

被消费文化所物化①。其次，卢卡奇把物化理论拓展到生活领域，不仅仅探讨生产，也适用于消费。人的物化会促使人们通过所消费的商品来展示自身，包括展示自身的地位、经济、品位等，人们的个人特征和主体性借由商品表现出来，进而表明人被消费物化，人们会热衷于通过消费标榜自己。这直接为符号消费奠定了基础。

（三）弗洛姆的异化消费

弗洛姆提出的异化消费，是将马克思的异化思想从生产领域拓展到消费领域。他认为人们在消费领域也遭到了控制，引诱消费硬被粉饰为个人的自由消费和按需消费，这不仅扭曲了消费和需求的关系，还反映了整个消费社会的异化。弗洛姆论述的异化消费主要表现在四个方面：第一，人所创造的世界成了人的主宰。弗洛姆指出，人用双手创造的东西却从人那里异化出来，反过来操纵着人们②。人们被消费物品所包围，却对消费物品一无所知，不知它们的来源和性质，不知它们的结构和性能③。第二，商品成为社会地位的显示器。弗洛姆认为，人们不是为了需要而消费，而是为了消费而消费④。商品已经脱离使用价值层面，停留在价值层面，成为金钱文化的附属品⑤。即人们消费商品，看中的不是商品的有用性质，而是商品背后的能彰显社会地位的社会属性。商品自身的异化也反映着商品对人的异化，人们展示自身不再是通过自身的魅力，如才能、品格等，而是通过自身所消费的商品。第三，消费从手段变成目的。弗洛姆认为，人类在实现自身完善的过程中会产生多种需要，而这多种需要可以通过消费来满足。因此，消费只是人类实现自身完善的一种手段，而不是目的。但在异化消费中，消费变成目的，消费就是为了拥有种类繁多的

---

① 李辉：《西方马克思主义消费文化理论研究》，山东师范大学，2007 年，第 34 页。
② 艾瑞克·弗洛姆：《逃避自由》，陈学明译，北京：工人出版社，1987 年，第 159 页。
③ 艾瑞克·弗洛姆：《健全的社会》，欧阳谦译，北京：中国文联出版公司，1988 年，第 134 页。
④ 弗洛姆对此进行了经典论述："假如我有货币，即使我没有艺术鉴赏能力，我仍可获得一幅珍贵的画；即使我不过为了卖弄才使用图书馆，但我可以购买一座；即使教育除了是一种附加的社会财富之外，对我毫无用处，我也可以花钱受教育。我甚至可以毁掉我买到的画和书籍，除了钱的损失之外我并不觉得还能有什么别的损失。"详见艾瑞克·弗洛姆：《孤独的人：现代社会中的异化》，转引自《痛苦中的安乐：马尔库塞、弗洛姆论消费主义》，陈学明、吴松、远东编，云南：云南人民出版社，1998 年，第 176 页。
⑤ 蒋建国：《马克思主义消费文化理论及其当代意蕴》，《马克思主义研究》2007 年第 3 期。

商品。

同时，弗洛姆对消费异化的根源进行了阐释，认为人民选择消费是为了躲避孤独，从众的消费能让人们感觉融入社会大众之中，从而获得安全感。但这种方式只是权宜之计，不能从根本上消除孤独，从众的消费只会抹杀人们的个性，成为一个抽象的消费者[1]。除此之外，广告的变相宣传和其制造的虚假消费信号，也在异化着人们的消费。弗洛姆在深入探讨异化消费的表现形式及其形成的根源之后，提出了正确的消费方式，即走向人道而健康的消费方式。首先，这是一种人道的社会性消费。这种消费不是私人领域的，而是社会公共领域的[2]。其次，人应该具有忏悔精神，会反思自己异化的消费方式并予以改正。最后，企业应肩负起社会责任，不应以盈利和扩张为首要目的，不以广告宣传刺激人们的消费欲望，而是提醒人们按需消费[3]。

弗洛姆的异化消费理论创造性地将弗洛伊德的精神分析法融入其中，从心理学角度分析了消费文化现象，指出了在消费文化盛行的社会下人们被操纵消费欲望，以及消费者的趋同消费心理，这使得他的异化消费理论更为丰富且更令人信服。

（四）鲍德里亚的符号消费

鲍德里亚是消费社会研究的集大成者，他在分析消费文化下的社会状态时，实现了消费社会向符号社会的转变，从而将第二次世界大战后有关消费理论的研究推向一个新境界。国内学者仰海峰（2004）将鲍德里亚的思想划分为西方马克思主义—反马克思主义—符号至上三个阶段，前两阶段的代表作分别有《物体系》《消费社会》等[4]。《物体系》是鲍德里亚学术生涯的开山之作，全书围绕"物品有什么意义"，阐释了鲍德里亚"物"向"符号"的思想

---

[1] 艾瑞克·弗洛姆：《有保证收入的心理方面》，转引自《人的呼唤——弗洛姆人道主义文集》，王泽应等译，上海：上海三联书店，1991年，第105-106页。

[2] 《弗洛姆著作精选——人性·社会·拯救》，黄颂杰主编，上海：上海人民出版社，1989年，第514-515页。

[3] 《弗洛姆著作精选——人性·社会·拯救》，黄颂杰主编，上海：上海人民出版社，1989年，第649页。

[4] 除此之外，还有《符号政治经济学批判》《生产之镜》《象征交换与死亡》等著作。详见仰海峰：《走向后马克思：从生产之镜到符号之镜》，北京：中央编译出版社，2004年，第9-10页。

转变①。他在此书中对消费的含义进行了重点论述,认为消费是人类意义的表达方式之一,物品成为消费社会中的一种符号,人们消费的不是商品的物质性,而是商品的社会性,即消费人与人之间的社会关系②。在此基础上,鲍德里亚深化对物的消费理论的研究,形成了著作《消费社会》,构建起"物—人—符号"的消费文化分析框架,实现了从物的消费向符号消费的转变。在此书中,鲍德里亚指出在消费社会中消费者面临着一系列由商品符号打造的消费陷阱,各种商品符号渲染的消费氛围,会让消费者产生消费幻觉,试图让人们在消费中实现幸福、自由和民主③。

鲍德里亚对消费社会和消费文化最大的贡献之一就是把符号学的观点引入物的消费理论分析框架。尽管鲍德里亚没有给符号下过明确的定义,但在他的研究成果中,无不透露着他对"什么是符号"的思考④。而符号的信号功能则是其中最出彩的部分。鲍德里亚用符号的信号功能来意指人的个性以及社会地位,反射着人的社会关系,认为消费之所以永远难以满足,原因就在于消费被放置在所谓个性化的图式中,并把这种图式称为消费社会的意识形态⑤。因此,我们在消费时所拥有的自由和选择权,其实是被束缚在商品的符号体系之中,标榜个性化只不过是消费意识形态所使用的策略之一,它让消费者心甘情愿地陷入其中⑥。这种消费意识形态使得消费者在物面前越发的不平等,背后蕴含的则是人与人社会关系的不平等。

按照鲍德里亚对符号消费的阐释,符号消费并不是单纯为了追求商品的使用价值,而是为了实现消费者的自我价值,或是为了体现自我价值而进行消费,包括炫耀的成分。也就是说,鲍德里亚认为消费社会形成的消费符号,是

---

① 孔明安:《从物的消费到符号消费——鲍德里亚的消费文化理论研究》,《哲学研究》2002年第11期。
② 鲍德里亚认为,消费是一种符号的系统化操纵活动。详见让·鲍德里亚:《物体系》,林志明译,上海:上海人民出版社,2001年,第223页。
③ 让·鲍德里亚:《消费社会》,刘成富等译,南京:南京大学出版社,2001年,第27-34页。
④ 台湾学者林志明在其《物体系·译后记》中对鲍德里亚关于符号的定义总结为三种:符号学意义下的符号、心理分析意义下的征兆,以及标识社会地位的信号符码。
⑤ 让·鲍德里亚:《物体系》,林志明译,上海:上海人民出版社,2001年,第248-254页。
⑥ 让·鲍德里亚:《物体系》,林志明译,上海:上海人民出版社,2001年,第162-164页。

具有符号价值的,而这符号价值则是消费文化的核心①。至于这个符号价值是正向的还是反向的,则要看消费意识形态,即社会所倡导的消费意识形态把某种消费符号置于什么样的图式之中。如在房地产高速发展的时候,房子被当作实现财富快速增值的最佳投资,在这种消费意识形态下消费者消费房子主要是为了房子的投资价值,那么房子的符号价值主要体现为财富。但当下,在房子被定位为是用来住的不是用来炒的消费意识形态下,房子的符号价值便回归为"家",消费者消费房子将会更多地从房子的使用价值来考量。因此,倡导正向价值的符号消费,有利于形成积极的消费文化,促进消费社会的健康发展。

(五) 布迪厄的文化资本

法国当代著名的社会学家布迪厄在批判继承鲍德里亚符号消费思想的基础上,将消费文化进行了更为深层次的剖析。他将消费看作连接主观存在与社会结构、符号体系与社会空间的重要桥梁,是具体的社会实践。即布迪厄认为消费是社会文化的表现形式,深深打上社会文化的烙印。他的这种剖析,超越了一般符号学家把消费文化简单当作独立于社会之外的符号体系的观点。

布迪厄对社会文化的研究贯穿于他学术生涯的始终,他对社会文化的研究中,提出了三个重要概念:惯习、场域和文化资本,三者构筑了布迪厄文化社会学的理论基础。文化资本理论是布迪厄在其论文《资本的形式》中提出的,他认为资本表现为经济资本、文化资本、社会资本三种类型,并将文化资本的形式归纳总结为具体化的文化资本、客观化的文化资本以及体制化的文化资本。薛晓源和曹荣湘(2004)研究认为,布迪厄所说的文化资本的三种形式,分别对应着人力资本、文化产品和文化制度②。而朱伟钰(2005)则认为布迪

---

① 对于符号价值,鲍德里亚在《符号政治经济学批判》一书中进行了具体论述,指物或商品在被作为一个符号进行消费时,是按照其所代表的社会地位和权力以及其他因素来计价的,而不是根据该物的成本或劳动价值来计价的。详见孔明安:《从物的消费到符号消费——鲍德里亚的消费文化理论研究》,《哲学研究》2002年第11期。

② 具体化的文化资本主要是探讨教育背景、家庭背景、个人性情对个人事业的影响;客观化的文化资本主要是试图在用于交换的文化类产品(如电影、音乐、图片、广告等)中挖掘出文化对产品价值的影响;体制化的文化资本主要是以制度主义为基础,研究文化体制、文化制度对一个企业、区域、国家乃至全球经济的影响。详见薛晓源、曹荣湘:《文化资本、文化产品与文化制度——布迪厄之后的文化资本理论》,《马克思主义与现实》2004年第1期。

厄将文化资本划分为身体形态、客观形态及制度形态这三种基本形式①。在划分文化资本形式的基础上，布迪厄对文化资本的获取方式进行思考，并于《再生产：一种教育系统理论的要点》一书中提出了文化资本的再生产概念，认为文化资本以一种再生产的形式代代传承下去。这种传承不仅体现在个人身上，即后代可以通过家庭教育，包括父母的有意识传导和对父母的无意识效仿来实现文化资本在家庭内部的代际传递，还体现在全社会中，主要是通过教育手段，包括学校教育和社会教育，使社会成员获得系统性知识和社会技能等文化资本，也使社会成员接受并认同统治阶级的文化意识形态②。布迪厄关于文化资本形式和文化资本再生产的论述，不仅深化了符号消费的社会文化属性研究，还全面解构了消费文化中涉及的审美趣味。布迪厄指出，由于受教育程度、文化氛围、社会身份等的差异，不同的人培养出不同的审美趣味，不同的审美趣味会驱使人们消费不同的商品。而文化资本再生产在个人身上的性情和社会上的氛围，正是表现为这种审美趣味。因此，要在重视文化资本的基础上，通过文化资本再生产在个人和社会上形成正确的审美趣味，由审美趣味引导个人和社会树立正确的文化消费观。

从马克思的消费思想，到卢卡奇的物化理论、弗洛姆的异化消费，再到鲍德里亚的符号消费、布迪厄的文化资本，消费文化理论的核心，始终围绕着消费不仅反映着人与物的关系，而且反映出人与人的关系；从物的消费到符号消费，所折射的消费文化从属于社会文化。树立正确的消费文化观，就要在正确的消费意识形态下，赋予商品正向的符号价值。同时，要重视文化资本再生产的作用，将文化资本与消费符号相结合，通过文化资本再生产将社会所倡导的文化潜移默化地影响社会全体成员，引导社会成员与社会文化相适应。而红色文化的经济资源属性，使其能够成为一种消费产品，如红色旅游、红色文创产

---

① 身体形态指行动者通过家庭环境及学校教育获得并成为精神与身体一部分的知识、教养、技能、趣味以及感性等文化产物；客观形态即为文化资本的物化形态，具体来说就是书籍、绘画、古董、道具、工具及机械等物质性文化财富；制度形态就是将行动者掌握的知识与技能以某种形式正式予以承认并通过授予合格者文凭和资格认定证书等社会公认的方式将其制度化。详见朱伟珏：《"资本"的一种非经济学解读——布迪厄"文化资本"概念》，《社会科学》2005 年第 6 期。

② 崔高鹏、康绍芳：《教育、社会与文化再生产——布迪厄〈再生产〉导读》，《教育科学研究》2015 年第 2 期。

品等。人们消费红色文化产品，消费的并不是其物质性，而是社会性。就像人们去革命遗址或红色纪念馆旅游，目的并不是一览革命遗址或纪念馆的建筑特征，而是通过实地游览，更好地感悟红色文化产品蕴含的精神文化，接受红色文化精神的熏陶和洗礼。这使得红色文化产品成为一种消费符号，一种具有德育功能、能提升消费者自身思想政治素质的消费符号，且具有正向的符号价值。人们将红色文化产品当作中国共产党精神文化的外化符号进行消费，反映出整个消费社会对中国共产党精神文化的认同及中国共产党精神文化的时代价值，即社会所倡导的消费意识形态是把红色文化产品置于弘扬革命文化和传承红色基因的图式之中。鲍德里亚的符号消费观点为红色文化产品的生产、流通、消费提供了经济效益之外的社会效益视角，将红色文化产品打造成为一种消费符号，除了其本身消费能产生经济效益外，更重要的是能使消费者接受红色文化熏陶，提升其思想政治素质，通过消费行为传承红色基因。

二、文化认同理论

（一）文化认同的内涵

文化认同作为一个复合概念，包含着文化与认同两个词组。对于文化的定义，美国著名人类学家格尔茨在其代表作《文化的解释》中提出"文化是一种通过符号在历史上代代相传的意义模式，它将传承的观念表现在象征形式之中。通过文化的符号体系，人与人得以相互沟通、绵延传续，并发展出对人生的知识以及对生命的态度"[①]。对于认同的定义，英国社会学家、文化理论家霍尔在其著作《文化认同问题》中提出认同是通过差异来构建的，即通过构

---

① 格尔茨用"意义取向"来诠释人类学，将文化看作一个系统的意义的网络。也就是说，他认为文化表示的是存在于符号中的意义模式，是一个象征系统，意义是包含人的认识、情感、道德在内的一般性思考，是具有知觉、观念、理解、判断的一种包容性概念；象征则是被界定为所有事物、行为表现、事件、性质以及关系都是传递某种"意义"的载体。格尔茨还认为"人是悬挂在由他们自己编织的意义之网上的动物，我把文化看作这些网，因而认为文化的分析不是一种探索规律的实验科学，而是一种探索意义的阐释性科学"。详见克里福德·格尔茨：《文化的解释》，纳日碧力戈等译，上海：上海人民出版社，1999年，第5页。

建自我对立的他者来构建自我认同①。吉登斯也从社会学角度，对认同作出了一种叙事的界定②。国内学者张旭鹏（2004）从哲学范畴上的同一性出发③，将认同视作一个识别象征体系，用于界定"自我"的特征，以示与"他者"不同。韩震（2006）基于个体和群体维度，认为"就个体而言，认同问题阐释的是相信自己是什么样的人或信任什么样的人，以及希望自己成为什么样的人；就共同体而言，指个体对不同社会组织和不同文化传统的归属感"④。

在厘清"文化""认同"概念的基础上，对于文化认同的定义，董莉等（2014）对国内外学者的研究成果进行了归纳总结。国外学者的研究大致分为强调文化认同的个体层面和社会层面两种，个体层面侧重认为文化认同是一个文化群体的自我认知和自我主观意识，社会层面侧重认为文化认同是个体对特定民族和国家的归属感和心理承诺。国内学者则在国外研究的基础上，将两者进行综合考量，从个体和社会层面对文化认同进行了双重解释⑤。

（二）文化认同的相关理论

对于文化认同，当代文化研究之父，英国社会学家、文化理论家、伯明翰学派的集大成者斯图尔特·霍尔在其著作《文化身份与族裔散居》中作出了精辟阐释。他认为在理解文化认同的问题上至少存在两种不同的思维方式，一种是站在共性的基础上，另一种是站在差异性的基础上。以共性为基础的观点

---

① "只有借助与他者的关系，表明某个术语不是什么，明确缺少什么，是什么组成了它的外部这样一些'积极'的层面——只有这样，认同才能被构建起来。"详见 Stuart Hall, Questions of Cultural Identity, London: Sage, 1996, 4.

② 吉登斯认为认同是社会连续发展的历史性产物，它不仅指涉一个社会在时间上的某种连续性，同时也是该社会在反思活动中惯例性地创造和维系的某种东西，即持续地吸纳发生在外部世界中的事件，把它们纳入关涉自我的、正在进行着的"叙事"之中。详见安东尼·吉登斯：《现代性与自我认同》，赵旭东、方文译，上海：三联书店，1998年，第57－60页。

③ 如逻辑学中指在三段论法中两个或多个元素之间可以彼此替换而不改变其真值的一种关系，心理学中则将之理解为一种心理机制，一个人据此有意或无意地将另一个人或群体的特征归属于自己。详见张旭鹏：《文化认同理论与欧洲一体化》，《欧洲研究》2004年第4期。

④ 韩震：《论全球化进程中的多重文化认同》，《求是学刊》2005年第5期。

⑤ 我国学者认为，文化认同是个体对某种文化的认同程度，具体是个体自己的认知、态度和行为与某种文化中多数成员的认知、态度和行为相同或相一致的程度；是个体对于所属文化以及文化群体形成归属感及内心的承诺，从而获得、保持与创新自身文化属性的社会心理过程；或者是对不同文化特征的接纳和认可态度，具体包含认知、情感及行为等三个部分。详见董莉、李庆安、林崇德：《心理学视野中的文化认同》，《北京师范大学学报（社会科学版）》2014年第1期。

将文化身份定义为共有的文化，认为文化认同是建立在共同文化的基础上，这种共同文化是代代相传的，具有识别身份的深刻印记，造就了"一个真正的自我"①。以差异性为基础的观点认为共同性是由差异性所彰显的，我们不可能在不承认差异性的基础上精确地、长久地谈论"一种文化、一种身份"②。在前一种观点中，斯图尔特·霍尔认为文化认同研究就是解释"隐藏着的文化身份"和"隐藏着的历史"。在后一种观点中，斯图尔特·霍尔认为文化身份是真实存在又是适时变化的，文化认同研究要从对历史的把握中确定我们"真正的现在"。

斯图尔特·霍尔从正面直接对文化认同进行了探讨分析，而美国政治学家、哈佛大学著名教授塞缪尔·亨廷顿则基于文明冲突的视角，用极富争议的文明冲突论，从反面对文化认同进行了论述。1993年，亨廷顿在《外交》季刊夏季版发表了论文《文明的冲突?》，提出了文明冲突论的初步观点。紧接着，他又在《外交》季刊的冬季版发表论文《不是文明，又是什么?——后冷战世界的范式》，进一步对文明冲突论进行了论证。1996年，亨廷顿再次在《外交》季刊的冬季版发表《西方文明：是特有的，不是普遍使用的》一文，对国际激烈争论的部分观点进行了修改③，但文明冲突论的基调并没有改变。1996年12月，亨廷顿的著作《文明冲突与重建世界秩序》正式出版，在此书中他对文明冲突论进行了发展和完善。亨廷顿的文明冲突论认为，未来国际冲突的根源主要是文化，国际政治的核心部分将是西方文明和非西方文明以及非

---

① 集体中的"一个真正的自我"，藏身于许多其他的、更加肤浅或人为地强加的"自我"之中，这种"自我"也被共享一种历史和祖先的人群所共享。也就是说，我们的文化身份反映共同的历史经验和共有的文化符码，这种经验和符码给作为"一个民族"的我们提供在实际历史变幻莫测的分化和沉浮之下的一个稳定、不变和连续的指涉和意义框架。详见斯图亚特·霍尔：《文化身份与族裔散居》，载于罗刚、刘象愚主编的《文化研究读本》，北京：中国社会科学出版社，2000年，第209-215页。

② 正是差异性构成了"真正的现在的我们"，而历史的介入构成了"真正的过去的我们"。详见斯图亚特·霍尔：《文化身份与族裔散居》，载罗刚、刘象愚主编的《文化研究读本》，第206-223页。

③ 在文中，亨廷顿具有要尊重非西方文明的认识，并强调要加强西方文明的凝聚力并在其内部排斥其他文明，以应对其他文明的挑战。详见苏浩：《文明在国际关系中的冲突与合作——从亨廷顿的"文明冲突论"谈起》，《世界历史》1998年第3期。

西方文明之间的相互作用，并将世界文明划分为七种①。声称西方要提倡实力、凝聚力和它的文明持久力，恢复和保持西方文明的独特性，以应对其他文明的挑战。为此应控制非西方社会的移民，并确保承认西方文化的移民融入西方文化②。亨廷顿的文化冲突论是一种文化决定论，内含文化霸权的理论色彩③。他通过分析不同文明之间的冲突，提出保持西方文明的独特性和凝聚力来倡导西方文明认同，不认同西方文化的移民应予以制止，认同西方文化的移民应被承认并确保融入西方文化，试图树立西方文明的文化霸权地位。赞同文化差异必然导致冲突的文化冲突论，从反面为文化认同提供了理论基础。

除此之外，学者们也从心理学领域对文化认同进行了相关研究，研究视角包括发展心理学、跨文化心理学。发展心理学侧重个体文化认同的形成和建构，最早可追溯到美国心理学家埃里克森的认同理论或者同一性理论。他在1968年出版的《同一性：青少年与危机》一书中对文化认同对青少年个体的自我发展的影响进行了深入分析。跨文化心理学最有代表性的理论就是文化适应理论，代表人物为约翰·贝利，其1992年出版的《跨文化心理学》，初步构建了跨文化心理学理论体系。跨文化心理学对文化认同的相关研究聚焦在文化适应的个体层面，个体进行文化适应的同时也要对不同文化进行甄别从而形成心理上的归属，这为文化认同奠定了基础。

学术界对文化认同理论的研究，或多或少都以民族、族群、种族、阶层、宗教、语言等因素为依据，对这些因素的理解和把握，都离不开特定的历史、地理、经济、社会、政治、文化等复杂的背景领域。而当代对文化认同研究的

---

① 这七种文明分别是中华文明、印度文明、日本文明、东正教文明、伊斯兰文明、西方文明、拉美文明，这七种文明决定了未来国际的冲突，原因是文明间的差异是人类的基本差异，现代社会强化了文明意识、宗教认同，非西方的文明意识的加强，难以协调和变更的文化特征，经济区域主义的抬头，这样文化的"丝绒幕"将取代意识形态的"铁幕"。详见 Samuel P. Huntington, The clash of civilization, *Foreign Affair*, 1993, 22-49.

② Samuel P. Huntington, The west unique Not universal, *Foreign Affair*, 1996, 41-46.

③ 亨廷顿以维护西方发达国家的根本利益为出发点，不探究文化之外的经济与政治因素，夸大文化冲突在国家关系中的作用。同时，他表面上承认文化的多样性，实质对普世文明持否定的态度。详见杨生平、张慧慧：《亨廷顿"文明冲突论"再评析》，《北京行政学院学报》2009年第2期。

目的,其中一个明显的意图指向便是以政治维度和意识形态维度为出发点①。正如亚当·库珀所言,文化身份与文化政治学密不可分。文化认同作为个体或群体心理上的归属感,体现着一种文化对个体或群体的凝聚力,也体现着个体或群体对一种文化的向心力。从个体来看,个体的文化认同意味着对"自我"有了清晰的界定和把握,包括"自我"的过去和将来。从群体来看,群体的文化认同意味着对"共同体"有了黏性和归属,这种黏性和归属会表现出强大的凝聚力和向心力。红色文化之所以被赋予"红色",是因为其与共产主义革命紧密相连。诞生于革命斗争中的红色文化,凝聚起全体中华儿女的力量,为争取民族独立、人民解放和实现国家富强前仆后继、顽强奋斗。正如习近平总书记在庆祝中国共产党成立95周年大会上的讲话所指出的,"在5000多年文明发展中孕育的中华优秀传统文化,在党和人民伟大斗争中孕育的革命文化和社会主义先进文化,积淀着中华民族最深层的精神追求,代表着中华民族独特的精神标识"。红色文化积淀着中华民族最深层的精神追求,体现着各族人民对中华民族的归属感和心理承诺,所承载的中华民族奋斗史、复兴史,能够坚定文化自信,增强各族人民对中华文化的认同。

三、社会认同理论

社会认同理论由英国心理学家亨利·塔杰菲尔于20世纪70年代提出,融合了社会学与心理学双重视角,是一种典型的群体间理论,产生于解释群体间行为的种族中心主义②,被学术界认为是解释内群体冲突的最有代表性的理论。1970—1971年,塔杰菲尔相继发表文章,采用最简群体实验范式,创造

---

① 作者认为,文化认同问题始终都无法回避政治问题和意识形态问题。详见邹威华:《族裔散居语境中的"文化身份与文化认同"——以斯图亚特·霍尔为研究对象》,《南京社会科学》2007年第2期。
② 种族中心主义是指内群体偏好和外群体歧视,群体内行为和群体间行为显现了明显的种族中心主义特征。详见M·艾森克:《心理学——一条整合的途径》,阎巩固译,上海:华东师范大学出版社,2005年,第611-621页。

了一个微型群体世界,以观察群体行为①。基于最简群体实验范式,塔杰菲尔在进一步研究群体行为的基础上,提出了社会认同理论。他将社会认同定义为"个体认识到他属于特定的社会群体,同时也认识到作为群体成员带给他的情感和价值意义"②。塔杰菲尔认为,社会认同最初属于群体成员身份,而群体成员对社会认同的追求,是群体间冲突和歧视的根源所在,即对属于某群体的意识会强烈影响我们的知觉和行为③。因此,塔杰菲尔提出的社会认同理论认为,个体对某一群体的认同是群体行为的基础,个体通过社会分类,对自己所属群体产生认同的同时,也会对其他群体保持警惕和戒心,这便是有名的"内群体偏好"和"外群体偏见"。当个体期望通过实现或维持积极的社会认同来提高自尊时,便会产生内群体偏好;当个体过分热衷于自己的群体,认为自我群体比他者好,并通过二者的差距来增强社会认同和自尊时,就会产生群体间偏见。社会认同理论提出,个体形成社会认同的基本过程包括社会分类、社会比较和积极区分三个阶段,这个过程呈现逐级递增的趋势④。个体通过有意识的社会分类,将自己纳入某个社会群体之中,以此划分群体内和群体外。对此,与塔杰菲尔同创社会认同理论的澳大利亚心理学家约翰·特纳提出了自我归类理论⑤。划分社会群体之后,个体会将自己所属的社会群体与其他社会

---

① 塔杰菲尔将被调查者随机分成两组,同组成员之间从未谋面。该实验的群体成员间不曾有面对面的实际互动,没有群体内结构,群体间也没有任何过去和文化。结果显示,同组成员之间还是相互分配给对方较多的资源。详见 Tajfel H, Experiments in Ingroup Discrimination, *Scientific American*, 1970, 223 (5): 96 – 102. Tajfel H, Billig M G, Bundy R P, Social categorization and intergroup behavior, *Eur. J. soc. Psychol*, 1971, vol 1: 149 – 178.

② Tajfel H, Differentiation Between Social Groups: Studies in the Social Psychology of intergroup Relations, London: Academic Press, 1978, 10.

③ 群体成员总是争取积极的社会认同,而这种社会认同是通过内群体和相关的外群体的相比较获得的。如果没有获得满意的社会认同,个体就会离开他们的群体或是想办法实现积极区分。详见张莹瑞、佐斌:《社会认同理论及其发展》,《心理科学进展》2006 年第 3 期。

④ Tajfel H, Social Psychology of Intergroup Relations. *Annual Review of Psychology*. 1982, vol 33: 1 – 39.

⑤ 当人们进行分类时会将自我也纳入某一类别中,将符合群体的特征赋予自我。这是一个自我定性的过程,个体通过分类,往往将有利的资源分配给我方群体成员。详见约翰·特纳:《自我归类论》,杨宜音等译,北京:中国人民大学出版社,2011 年,第 54 – 56 页。

群体进行社会比较，这种社会比较推动了积极区分①。在比较中，个体通过积极区分，突出自己所属群体的优势以满足自尊需要，增强个体社会认同②。

社会认同理论不仅揭示了群际行为的内在心理机制，为群体的一致行动提供理论指导，还将群际与个际进行区分，论证了群体与个体不同的行为基础，在认同层次上划分为社会认同和个体认同两种自我意识水平。作为解释内群体冲突最为典型的理论，社会认同理论分析了从社会分类到积极区分的社会认同构建过程，说明了内群体偏好和外群体歧视的产生原因，深刻剖析了社会心理的实质。基于个体形成社会认同的基本过程，可以发现，社会认同是一个包括记忆、意识、生物有机特质、社会结构以及社会情境等因素互动和影响的动态社会结果，其根植于一定的心理过程，如思维、行为和情感等。个体之间共有的特质、共享的社会环境或某种社会共识，更容易形成社会认同。因此，全体社会成员会基于红色文化所凝聚的共同价值追求、情感寄托及历史记忆等共有特质，有意识地将自我分类为内群体，形成内群体偏好，并经过宣传教育等方式的强化，形成对社会的认同。简言之，红色文化能够推动各族群众通过社会分类、社会比较、积极区分这个社会认同构建过程，增强各族群众的社会认同。

第二节　红色文化资源增进铸牢中华民族共同体意识的机理分析

一、充分发挥红色文化资源的经济价值，有助于夯实铸牢中华民族共同体意识的经济基础

消费文化理论认为，当物品成为消费社会中的一种符号，人们消费的不是

---

① 在进行群体间比较时，人们倾向于在特定的维度上夸大群体间的差异而对全体内成员给予更积极的评价，这样就产生了不对称的群体评价和行为，偏向于自己所属的群体，即从认知、情感和行为上认同所述群体。

② 积极区分使个体在群体比较的相关维度上表现得比其他成员更为出色，同时从寻找积极的社会认同和自尊中体会群体间差异，容易引起群体间偏见、冲突和敌意。

商品的物质性，而是商品的社会性，即消费人与人之间的社会关系。因此，消费不仅反映着人与物的关系，而且反映出人与人的关系，消费与社会文化紧密相关。关于红色文化资源的经济价值，樊丽娟（2014）从生产力视角探讨红色文化资源的经济价值，认为红色文化是社会主义市场经济发展的动力和革命老区发展的资源，已成为新的经济增长点。而红色文化资源作为资源的一种特殊类型，随着人们的消费形态上升到文化消费层次，其经济价值通过稀缺的文化产品属性和富有意义的旅游产品属性，有利于大力弘扬红色文化精神（潘丽华等，2009）。尤其是利用红色文化资源发展红色旅游，将红色文化资源向经济资源转化，实现其经济价值的同时，提高广大人民群众的思想道德素质（钟利民，2010）。红色文化资源的经济价值，是以红色文化的丰富内涵为载体，这也是其经济产品区别于一般经济产品的核心特征。人们消费红色文化产品，包括旅游、影视、书刊、文创等，与非红色文化产品相比，更多的是消费红色文化产品背后承载的厚重历史和丰富的精神价值，即在追忆中国共产党团结带领全国各族人民在革命斗争中形成的团结统一、自强不息、守望相助、顽强拼搏、艰苦奋斗的以爱国主义为核心的民族精神，接受红色文化资源精神价值的洗礼。从这一层面来讲，红色文化产品能成为具有德育功能、提升消费者自身思想政治素质的消费符号，并且在弘扬革命文化和传承红色基因的消费意识形态图式中，具有正向的消费符号价值。而红色文化凝聚的全国各族人民守望相助、团结奋斗的历史记忆，又为铸牢中华民族共同体意识提供了历史依据，使得红色文化符号消费成为铸牢中华民族共同体意识的有效建构方式。因此，发挥红色文化的经济功能，大力发展红色文化产业，积极打造红色文化旅游产品、影视产品、文创产品等，挖掘新的经济增长点，促进革命老区、民族地区经济发展，并借助红色文化产品这一消费符号具有的理想信念教育功能，弘扬革命文化和传承红色基因，巩固各族群众团结奋斗的共同思想基础，以推动大众化的红色文化产品消费夯实铸牢中华民族共同体意识的经济基础（见图4-1）。

二、充分发挥红色文化资源的文化价值，有助于夯实铸牢中华民族共同体意识的群众基础

文化认同作为个体或群体心理上的归属感，个体层面的文化认同在对

第四章 红色文化资源增进铸牢中华民族共同体意识的理论机理分析 63

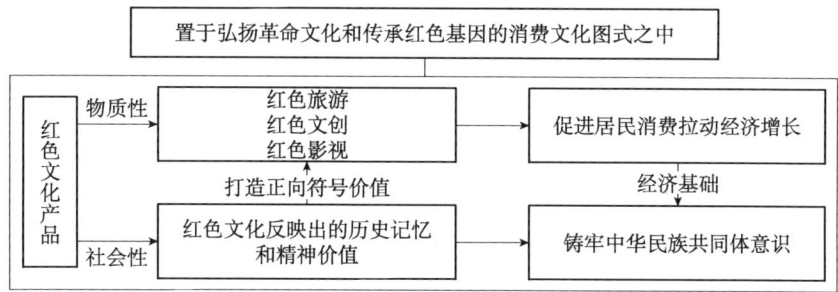

图 4-1 红色文化夯实铸牢中华民族共同体意识经济基础的内在机理图

"自我"有清晰界定和把握的基础上，体现着一种文化对个体的向心力；群体层面的文化认同，意味着对同一文化下的"共同体"有了黏性和归属，这种黏性和归属体现着一种文化对群体的强大凝聚力。关于红色文化资源的文化价值，习近平总书记在庆祝中国共产党成立95周年大会上的讲话指出，"在5000多年文明发展中孕育的中华优秀传统文化，在党和人民伟大斗争中孕育的革命文化和社会主义先进文化，积淀着中华民族最深层的精神追求，代表着中华民族独特的精神标识"①。李晓琴等（2022）从价值重构角度，认为红色文化资源的文化价值是灵魂和引领，新时代红色文化资源的文化价值要以彰显文化自信为中心，筑牢"乡风文明"的红色基础。民族性是红色资源的基本特质，从时间、空间、价值这三个维度来理解这种特质，红色革命文化就是民族文化的继承和发展、红色革命道路即民族发展进步的道路、红色革命精神即民族精神的深化和发展（李霞，2013）。红色文化资源的文化价值主要表现为中国共产党带领全国各族人民浴血奋战、艰苦奋斗所形成的精神文化和中国人民团结一致、守望相助所形成的精神文化。这两种精神文化以革命文化的形式，汇聚成了中华优秀传统文化，以外显符号和内在意义形式体现了各族人民的红色文化记忆（胡继东，2018）②，以"共同文化"的形式塑造和承载着中

---

① 我们要弘扬社会主义核心价值观，弘扬以爱国主义为核心的民族精神和以改革创新为核心的时代精神，不断增强全党全国各族人民的精神力量。详见习近平：《在庆祝中国共产党成立95周年大会上的讲话》，求是网（qstheory.cn）。

② 文化记忆是以关于集体起源的历史文化为记忆对象，目的是论证集体现状的合理性，从而达到巩固集体的主体同一性的精神活动。详见胡继东：《深化红色记忆的当代价值》，《光明日报》2018年11月12日，第6版。

华民族的"集体认知"和"集体记忆"。这种民族认知和民族记忆,在个体层面构成了中华文化这个文化群体的自我认知和自我主观意识,在社会层面构成了各族人民对中华民族和伟大祖国的归属感和心理承诺,形成了文化认同,不仅将"你"和"我"凝聚成为"我们",还清晰明确回答"我们是谁"。一方面,"我们"的中华民族"集体认知",能从个体意识深处将各民族紧密团结在中华民族大家庭之中。另一方面,"我们是谁"的中华民族"集体记忆",能从社会意识深处推动各民族认可中国共产党的执政地位,强化各民族为中华民族从站起来、富起来到强起来的历史自豪感,凝聚各民族全面推进中华民族伟大复兴的磅礴力量,不断坚定各民族对"五个认同"的高度认同。这两方面加深了各族人民对中华民族的集体归属感,使得各族人民在大家庭内部充分开展社会交往、文化交流和结构交融,以各民族广泛交往全面交流深度交融推动中华民族共同体建设(见图4-2)。

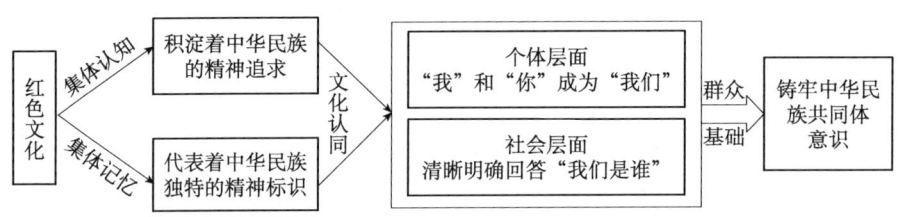

图4-2 红色文化夯实铸牢中华民族共同体意识群众基础的内在机理图

三、充分发挥红色文化资源的教育价值,有助于夯实铸牢中华民族共同体意识的思想基础

社会认同根植于一定的心理过程,如思维、行为和情感等,群体的社会认同是群体行为的基础,而凝聚着全体社会成员的共同价值追求、共同情感寄托、共同历史记忆等意识形态,会将全体社会成员分类为内群体,形成内群体偏好,通过社会比较和积极区分增强社会认同,从而形成群体的一致性行动。红色文化的精神内涵和社会主义核心价值体系一脉相承,是培育社会主义核心价值观的有效途径(杨建辉,2010)。红色文化的教育价值,有利于培育以爱国主义为核心的民族精神(张文和王艳飞,2016),有利于提升国家认同(沈成飞和连文妹,2018)。并且,红色文化凝聚了中国共产党人理想、信念和信

仰的强大精神力量（张文，2016），这种精神力量构筑成了中国共产党人的精神家园①，吸引激励和支撑着中国人民为社会主义现代化事业倾情付出。

红色文化所凝聚的全体中国人民的共同价值追求和历史记忆，会通过社会分类、社会比较及积极区分增强国家认同，从而使全体社会成员形成一致行动，如共同为实现中华民族伟大复兴的中国梦而团结奋斗。正如英国著名的马克思主义史学家艾瑞克·霍布斯鲍姆（Eric Hobsbawm）认为，革命历史和革命精神可以增进社会凝聚力，并作为社会群体团结一致的黏合剂和一致行动的合法性依据②。红色文化是当代中国人共同的政治历史记忆，不仅能增强中国人民的归属感和认同感，还能在社会比较中，成为"我们"区别于"他们"，提升祖国认同的精神资源（沈成飞和连文妹，2018）③。其价值蕴含着国家争取独立和解放的政治目标、社会追求自由平等的共产主义理想以及个人倡导爱国奉献的道德规范，对其进行拓展后可形成社会主义核心价值观（刘莉和张华金，2014），这是新时代思政教育的重要内容、优良载体和有效方式（罗丽琳和蒲清平，2018），也是高校思政教育的重要资源，是塑造大学生"三观"、坚定政治信仰和培育民族精神的重要方式（徐永健和李盼，2016）。更重要的是，红色文化资源作为一种历史文化遗产，每一处革命遗址、每一位革命先辈、每一个革命事件、每一件革命文物、每一座革命纪念馆都以无可辩驳的事实展示着中国共产党人和广大人民群众英勇斗争的光辉历史和伟大的红色精神（汪立夏，2010），不仅使得思政教育更有说服力，而且通过让人们重温各族人民团结奋斗史，在传承红色基因中讲好红色故事，增强人们对整个社会的认同感和国家凝聚力。因此，发挥红色文化的教育功能，将红色文化的价值内涵

---

① 张文从精神家园的定义（精神家园是一个人在文化认同基础上产生的精神寄托和归宿，是"一个让人有深刻归属感的地方"）认为，中国共产党人的精神家园是中国共产党人在长期的革命、建设和改革开放的历史进程中形成的心理、情感和精神的统一，是共产党人的精神支柱和发展进步的不竭动力。详见张文：《红色文化与共产党人的精神家园培育探究》，《社会科学家》2016 年第 4 期。

② 传统的价值尽可能"作为行动的合法性依据和团体一致的黏合剂""因为它已成为知识或民族、国家或运动的意识形态的一部分的历史。"详见埃里克·霍布斯鲍姆、特伦斯·兰杰：《传统的发明》，顾杭、庞冠群译，南京：译林出版社，2020 年，第 15 – 16 页。

③ 红色文化资源作为党的革命传统和革命精神的综合体现，将起着强化国人国家记忆黏合剂的作用，它经过火热年代练就，具有广泛的群众基础和价值认同基础。详见沈成飞、连文妹：《论红色文化的内涵、特征及其当代价值》，《教学与研究》2018 第 1 期。

与社会主义核心价值体系相结合,以思政教育等方式,提高各族群众的集体归属感,增强各民族的社会认同感,夯实铸牢中华民族共同体意识的思想基础,进而转化为铸牢中华民族共同体意识的实践自觉(见图4-3)。

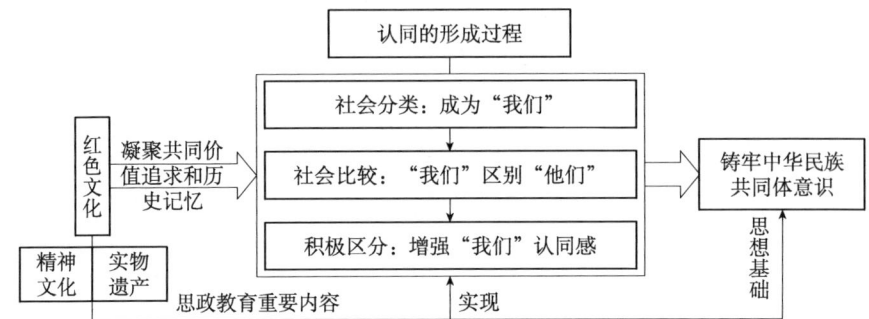

图4-3　红色文化夯实铸牢中华民族共同体意识思想基础的内在机理图

第五章

广西边境地区红色文化资源概况

第一节 边境地区8个县(市、区)概况

广西的边境县(市、区)一共有8个,分别为防城港市所辖的东兴市、防城区,崇左市所辖的宁明县、凭祥市、龙州县、大新县,以及百色市所辖的靖西市和那坡县。

东兴市和防城区毗邻,是防城港市下辖的两个边境县,它们与越南的广宁、谅山两省接壤。东兴市和防城区原属防城各族自治县,1992年国务院在防城各族自治县的东兴镇建立东兴边境经济合作区,1993年防城各族自治县撤销,设防城区(含东兴边境经济合作区),1996年又从防城区划出东兴、江平、马路三镇成立县级市——东兴市。东兴市以"东兴镇"命名,东兴一词因城市兴起于北仑河东岸而得名,全市辖区面积590平方公里,总人口近16万(数据截至2019年末,下同),境内主要居住的民族有汉族、壮族、京族,

其中京族是我国人口较少民族和广西特有民族，并且东兴市也是京族的唯一聚居地。防城区辖10个乡（镇），其中十万山瑶族乡是全区唯一的民族乡，全区辖区面积2427平方公里，总人口近45万，境内主要居住的民族有汉族、壮族、京族、瑶族。东兴和防城两市（区）是广西多民族聚居的边境地区。

宁明县、凭祥市、龙州县、大新县，是崇左市下辖的四个边境县，它们与越南的谅山、高平两省接壤。民国时期（1940年），四个县（市）所在地属第七区（龙州区）管辖。解放后，今崇左境域和周边地区设南宁、龙州、武鸣三个专区。1952年8月，龙州专区改称崇左专区，12月桂西壮族自治区成立，其直辖的地区包括上述四个县（市）所在地。1956年，又改桂西壮族自治区为桂西壮族自治州。同年凭祥镇撤销，设立县级凭祥市。1957年12月，桂西壮族自治州撤销，其直辖县（市）归由新置的邕宁专区管辖。1958年，邕宁专区改称南宁专区。1961年，龙津县复更名为龙州县。1971年，南宁专区更名为南宁地区，辖宁明、凭祥、龙州、大新等12个县（市）。2002年，国务院批准撤销南宁地区和崇左县，设立地级崇左市，这四个边境县（市）仍归崇左市管辖。

宁明县辖13个乡（镇），全县辖区面积3705平方公里，总人口近45万，其中壮族人口占总人口的83%，另有少量瑶族聚居在县境内；凭祥市辖凭祥、友谊、上石、夏石4个镇，全市幅员面积650平方公里，总人口近12万，其中壮族人口占总人口的85%；龙州县辖12个乡（镇），全县辖区面积2311平方公里，总人口27万人，其中壮族人口占总人口的95%；大新县辖14个乡（镇），全县辖区面积2742平方公里，总人口近39万，其中壮族人口占总人口的97%。宁明、凭祥、龙州、大新4县（市）是以壮族为主体，多民族杂居的边境地区。

靖西市和那坡县毗邻，是百色市下辖的两个边境县，它们与越南的高平、河江两省接壤。民国时期（1942年），两县（市）所在地归属第六区管辖。解放后，靖西、那坡（之前称为镇边县，后改为睦边县）先隶属龙州专区，后改隶百色专区。1952年12月，桂西壮族自治区成立，辖邕宁、宜山、百色3个专区，两地属百色专区管辖。1956年桂西壮族自治区改为桂西壮族自治州，两地仍隶属百色地区。1958年广西壮族自治区成立，百色地区改为百色专区，两地的隶属关系未变。1965年睦边县正式改称那坡县。1971年百色专区改为百色地区。2002年6月，百色地区撤地设市，靖西、那坡隶属百色市。2015年8月，靖西县撤销，设立县级靖西市。靖西市辖19个乡（镇），全市辖区面积3322平方公里，总人口67万，其中壮族人口占总人口的99%，是壮族人口比例最高的县级行政区；那坡县辖9个乡（镇），全县辖区面积2231平方公里，总人口近22万，主体民族是壮族，同时还有少量瑶族、苗族和彝族聚居在县境内。靖西、那坡两县（市）是以壮族为主体，多民族杂居的边境地区。

第二节 边境地区红色文化资源概况

一、东兴市红色文化资源分布情况

东兴市的红色文化资源主要有四类，即红色遗迹资源、红色设施资源、红色精神资源和红色文艺资源，其中红色遗迹2处，红色设施资源4处，另有以革命烈士事迹与故事为内容的红色精神资源和以革命史料汇编为内容的红色文艺资源。

（一）红色遗迹资源

1. 竹山战役遗址，位于东兴市东兴镇竹山村。1949年12月5日，国民党残部2000余人汇集在东兴镇竹山口岸，准备渡海逃往海南。6日，人民解放军粤桂边纵队第三支队二十团政治处主任兼中共防城县工委书记黄志英得到情报，迅速组织党政干部及民兵240多人赶到竹排江，设法阻止。8日，人民解放军二野十三军三十七师一部和四野一部及时赶到，与敌激战一天，成功歼灭了溃逃海南的最后残敌。竹山战役，在解放战争史上写下了壮烈而绚丽的一笔。

2. 陈汉东等烈士墓园，位于东兴市中越人民友谊公园内。墓园坐南朝北向，由墓区、纪念亭和小广场组成，始建于1958年，此地安葬了1945年至1996年牺牲的14位烈士，其中墓园东面有烈士墓5座，葬10位烈士；西面有烈士墓4座，葬4位烈士。陈汉东墓位于墓园东面，1959年移葬于此，墓碑上刻"林矫、陈汉东、叶世、林八、黄八成之墓"，陈汉东（1917—1945年），原名黄木芬，广西苍梧人，1937年参加中国共产党，是防城县那良抗日武装起义领导人之一，任钦防华侨抗日游击大队党代表兼参谋长。1945年6月，在与敌人的一次战斗中英勇牺牲。其余4名烈士情况不详。

（二）红色设施资源

1. 中越人民革命烈士纪念碑，位于东兴市中越人民友谊公园内。1958年，为纪念在中越两国人民的解放斗争中英勇牺牲的革命烈士而建。纪念碑坐北朝南向，系水泥混凝构筑，占地面积1200平方米，西面、南面、北面均有石阶可上。纪念碑由碑身和基座构成，碑身高13米，正面用中、越文镌刻"中越人民革命烈士纪念碑"字样，背面同样用中、越文刻"光荣的人民英雄永垂不朽"字样；基座长6米、宽4米、高3米，背面中间分别用中、越文刻中国人民革命烈士名单、越南人民革命烈士名单，两侧用中、越文介绍两国共同战斗的背景，讴歌两国人民的战斗情怀（见图5-1）。

图5-1 中越人民革命烈士纪念碑

2. 东兴支部成立纪念碑，位于东兴市中越人民友谊公园内。2010年，为纪念中共防城县第一个支部——东兴支部成立而建。1927年1月，中共东兴支部成立，时有党员9人，钟竹筠、麦雪堂、黄胞民、易一德、易永言、麦球英、张甫碧和芒街碗厂两名工人（姓名不详），钟竹筠任支部书记，她是中共东兴党组织第一位领导人。在纪念碑所在广场的下侧墙体上，还有中共东兴支部简介，以及支部书记钟竹筠和中共东兴支部成立时成员的介绍，其间镶嵌党旗和入党誓词（见图 5-2）。

图 5-2　东兴支部成立纪念碑

3. 马路革命烈士纪念碑，位于东兴市马路镇兴桂社区东马二级公路三岔路口西北面的小山上。1962 年始建，2010 年重建，为纪念解放战争期间竹围战役中英勇献身的闭连仁等 24 名革命烈士而建，总占地面积约 1100 平方米。纪念碑坐西朝东，系砖石水泥结构，呈尖塔状，碑高约 5 米，基座呈四方形，基座高约 1 米，宽约 1.15 米。碑正面分三个台，呈 18 级台阶。碑正面款文为："革命烈士永垂不朽"，基座正面刻写 24 位革命烈士名单。碑的东南面约 3 米处有一座合葬的革命烈士墓（见图 5-3）。

图 5-3　马路革命烈士纪念碑

4. 松柏烈士纪念碑，位于东兴市东兴镇松柏中学内。1949年12月在竹山战役中，中国人民解放军周品良等九位烈士光荣牺牲，另外竹山村还有五位解放军烈士的合葬墓。1965年，为纪念这些有名和无名的烈士，原防城各族自治县人民政府在松柏村人头岭迁葬遗骸，并修建纪念碑。碑正面刻"革命烈士纪念碑"字样，背面书"人民英雄永垂不朽"。1994年因松柏中学的扩建，革命烈士纪念碑划归学校管理。学校在纪念碑一旁建"爱国亭"一座，另一旁立"入党誓词"和"我和我的祖国"歌曲，以供师生进行革命教育。

（三）红色精神资源

红色精神资源主要集中在革命烈士事迹与故事上，代表性人物有李成通（？—1927年）、麦球英（1908—1928年）、钟竹筠（1903—1929年）、易一德（1904—1929年）、邱祥霞（1911—1933年）、陈汉东（1917—1945年）等。

（四）红色文艺资源

红色文艺资源主要是革命史料汇编，其中比较重要的是：中共东兴市委党史研究室编的《中国共产党东兴历史（第一卷）》（中共党史出版社，2009年）、《中国共产党东兴历史（第二卷）》（中共党史出版社，2011年）。

二、防城区红色文化资源分布情况

防城区的红色文化资源主要有四类，即红色遗迹资源、红色设施资源、红色精神资源和红色文艺资源，其中红色遗迹资源8处，红色设施资源5处，另有以革命烈士事迹与故事为内容的红色精神资源和以革命人物传记与革命史料汇编为内容的红色文艺资源。

（一）红色遗迹资源

1. 华石起义遗址，位于防城区华石镇。1946年，中共防城地下党组织指派颜储龄竞选滑石镇（今华石）镇长。颜储龄任职后，以组织人民自卫队名义，进行民枪登记，掌握了镇内的民枪，为发动武装起义做好了准备。1947年5月初，"三光企"革命武装起义胜利后，派出小分队进驻滑石，配合颜储龄率领镇自卫队及进步青年20多人举行武装起义，并取得了胜利。经宣传发动群众，起义部队迅速发展到80多人，颜储龄任大队长，唐光天任政委，潘德枢为军事特派员。1949年，整编为人民解放军粤桂边纵二十团第三营。现在华石镇桥头建纪念广场，立有纪念碑和纪念亭。

2. 狗岭袭击战遗址，位于防城区总工会大院内。1947年5月14日，中共钦防地下党在山区人民武装部队配合下，领导了震撼钦防、轰动两广的"三光企"人民武装起义，建立了第一支沿海人民武装队伍——农民翻身独立大队。5月23日夜，在起义部队总队长朱守刚、副总队长刘镇夏指挥下，精选20多人组成突击队，并取得防城中学革命师生的支持配合，突袭戒备森严的县警察大队守城制高点——狗岭哨所，一举歼敌一个分队。我方无一伤亡。此役，我方指战员以大无畏的革命精神，深入敌营垒中心开战，首战告捷。灭了敌人的嚣张气焰，长了起义部队的士气，振奋了民心。现在原址立碑纪念。

3. 北基伏击战遗址，位于防城区扶隆镇。1947年秋，国民党反动派调集保安团和若干警察大队对十万大山游击根据地进行疯狂"清剿"。为粉碎敌人企图，我方三支队二十团各部，根据上级部署，摸清敌情抓住战机，以伏击战开展反击斗争。11月22日，二十团第二营在副团长刘镇夏的指挥下，于北基村田心江坝伏击警察大队送赃队。除1人侥幸逃命外，其余13人全部被歼。我方无一人伤亡。此役，开创了十万山区伏击战的先河，为后来伏击作战提供了宝贵经验。现在田心村立碑纪念。

4. 地委、支队驻地旧址，位于防城区那梭镇。1948年春，十万大山游击战争进入关键时期，山南山北13个县建立了党组织和游击队。中共华南分局、粤桂边区党委决定成立十万大山地工委（地委）和粤桂边区人民解放军第三支队。在激烈的反"清剿"斗争中，地委和支队认为防城处于中心地带。从此，东山、稔稳、大勉便成为地委和支队领导机关的常驻地和指挥中心。现在东山村立碑纪念。

5. 横龙伏击战遗址，位于防城区那梭镇东山村。1948年12月下旬，敌警察大队400余人，从那梭、茅坡、那勤三个方向分进合击，对革命老区稔稳村进行清剿，敌人这一企图被我军侦悉，并准确地判断敌人在27日实施进攻。26日晚，我军驻稔稳一带的二十团第一营及第三营、茅岭大队各一部共200多人，乘黑夜向横龙进发，决定伏击那勤一带来犯之敌。27日拂晓，部队到达横龙布伏，待敌就范。参加战斗的全体指战员，在团政委彭扬、副团长刘镇夏的指挥下，英勇战斗。此役，击毙敌人正副中队长以下27人，俘敌8人，缴机枪1挺、长短枪23支。从此，敌人不敢再来侵犯东山根据地。现在东山村立碑纪念。

6. 堂龙等嶜截击战遗址，位于防城区峒中镇堂龙村。1948年春，敌人保安第九团团长、钦防"剿指"参谋处主任、警察大队大队长等反动头目，率部1000多人，从那良长驱直入峒中，实行拉网式的"搜剿"，妄图一举实现其"清剿"计划。我军粤桂边区人民解放军第三支队山南主力，避敌锋芒，放敌深入，击其惰归。4月12日，支队副司令员黎汉威率第二十团的三个营和横县独立营一个连共500多人，在堂龙等嶜设伏。此役，我军以少胜多，击溃保安第九团，击毙敌警察大队副大队长以下20余人，大长我军志气。现在堂龙小学立碑纪念。

7. 大勉革命活动旧址，位于防城区那良镇大勉村。大勉是防城区的革命老区。1939年，中共防城党组织派沈鸿周回大勉建立抗日自卫队。1945年钦防地下党领导那良抗日武装起义，组建钦防华侨抗日游击大队，大勉组成一个中队，开赴前线参加抗日。解放战争开始，防城县人民游击大队在大勉成立，并与南路人民抗日解放军第一团在大勉会师，揭开了人民武装自卫斗争的序幕。1947年秋，粤桂边区纵队第二十团在大勉成立，团长沈鸿周、政治委员彭扬，随即领导全县人民进一步开展武装斗争。在五年反"清剿"斗争中，全村600多人就有100多参加部队，其中24人在战斗中壮烈献身。现大勉雁心希望小学内建有大勉革命历史展览馆（见图5-4）、大勉革命烈士纪念亭、革命烈士纪念碑，并立碑以示纪念。

8. 那楼革命活动旧址，位于防城区那良镇那楼村。那楼是防城区开展党组织活动最早的老区。1943年党员严端侨回那楼工作，他以教书为掩护，组织那良中学师生和那楼村民学习进步书刊，传播马列主义，秘密发展党员。并在那楼祠堂建立以严端伊为站长的交通情报站，还在村里组建以严端郊为组长的农会小组，发展地下武装。1945年夏，那楼子弟组成一个中队，参加那良抗日武装起义，在中越边境打击日寇。抗战胜利后改编为防城县游击大队第二中队，后成为粤桂边纵队二十团二营的骨干，为新中国的诞生而战斗。当年仅450人的那楼村，就有84人参加革命，其中严端攸等19人光荣献身。现那楼

第五章 广西边境地区红色文化资源概况 75

图 5-4 大勉革命历史展览馆

村还保留有祠堂，并在附近的野人谷旅游区路边立碑，以示纪念。

（二）红色设施资源

1. 防城烈士陵园，位于防城区防钦路东北隅的山岭上，1990 年始建，1992 年 1 月竣工，总占地面积 32 亩，由大门、纪念亭、烈士墓组成。纪念亭建在山岭最高处，高 8 米，为八角琉璃瓦两层建筑。亭南门上方刻有"壮志凌云"，北门上方刻有"光照人间"字样。亭中央立五位革命烈士雕像，中间是钟竹筼，左、右两边分别是黄木芬（陈汉东）、刘镇夏和邱祥霞、陈凤鸣。纪念亭四周布有《丁末惊雷》《南天曙光》《烽火岁月》《边陲丰碑》四组浮雕。亭南面是刘镇夏烈士墓，埋葬着刘夏镇烈士和他两名警卫员的遗骨。现该烈士陵园正在进行改造提升，并增加了步行道和体育休闲设施。

2. 防城城北烈士陵园，是国家级烈士纪念设施，位于防城区珠河街道三官社区蜈蚣岭，占地面积 2.54 万平方米，建筑面积 2780 平方米。烈士陵园原址建在原防城县那良公社那楼大队那六岭，1989 年搬迁于此，1990 年 10 月建成，主要安葬对越自卫还击战和对越防御作战期间在高巴岭、滩奔、横模、搏良、保肯中越边境等地作战牺牲的革命烈士。陵园主要有纪念碑、纪念广场、烈士墓区、休息亭和陈列馆等设施，纪念广场矗立的烈士纪念碑高 15.9 米，为钢筋混凝土结构，外面由花岗岩装饰，正面书"革命烈士纪念碑"。烈士纪念碑后方分为三个墓区，排列整齐有序，共安葬有烈士 320 名（见图 5-5）。

图 5-5 防城城北烈士陵园

3. 那良抗日武装起义纪念碑及纪念亭，位于防城区那良镇那良中学校园内，是为纪念那良抗日武装起义和为革命牺牲的烈士而建，1985 年始建，2000 年在迁建中增建纪念亭和烈士纪念碑。纪念亭高约 5 米，为中国传统建筑的两层六角纪念亭，石碑上分别刻着"革命烈士永垂不朽"文字和防城县那良抗日武装起义简介。1945 年端午节，那良中学师生和大勉、那楼、修尧等地的革命志士共数百人，在中国共产党的领导下，成立了防城县的第一支革命武装——钦防华侨抗日游击大队，并在那良举行抗日武装起义。这支队伍转战中越边境抗击日伪军，反对反共顽固派，开辟敌后游击根据地。

4. 大菉革命烈士纪念碑，位于防城区大菉镇，在镇政府内，是为纪念那厚战役牺牲的烈士，于 1964 年建造。纪念碑正面刻"革命烈士纪念碑"字样，下方罗列 53 名牺牲的革命烈士名单，碑背面介绍立碑缘由，纪念碑一侧不远处有一座革命烈士墓（见图 5-6）。

5. 平旺革命烈士纪念碑，位于防城区平旺乡，是为纪念 1950 年中国人民解放军一五一师四五一团二营在平旺、大菉一带剿匪牺牲的烈士而建造。始建于 1951 年 2 月，1963 年重修。碑正面书"烈士纪念碑"，背面书"革命烈士永垂不朽"，基座正面刻烈士的姓名和籍贯，以及立碑缘由。纪念碑一侧不远处有一座革命烈士墓。

图 5-6　大菉革命烈士纪念碑

（三）红色精神资源

红色精神资源主要集中在革命烈士事迹与故事上，代表性人物有黄立鸿（1925—1945 年）、郑翠兰（1926—1946 年）、刘强（1917—1946 年）、杨立（1920—1948 年）、林坤（1929—1949 年）、刘镇夏（1921—1949 年）、项世秀（1925—1949 年）、陈凤鸣（1925—1950 年）等。

（四）红色文艺资源

红色文艺资源主要是革命人物的传记，如《防城英烈传》（中共防城各族自治县党史办公室）、《沈耀勋革命家史》（中共防城区委党史办公室，2011 年）。另外，当地还整理了一些革命史料，如《中共防城各族自治县党史大事记：1923—1949 年》（中共防城各族自治县委党史办公室，1991 年）、《中国共产党防城区、港口区历史（第一卷：1923—1949 年）》（中共防城港市防城区委党史办公室、中共防城港市港口区委党史研究室，2011 年）。

三、宁明县红色文化资源分布情况

宁明县的红色文化资源主要有五类，即红色文物资源、红色遗迹资源、红色设施资源、红色精神资源和红色文艺资源。红色文物资源主要是革命先辈的遗物以及部分原始的文献档案资料。现有 1 处红色遗迹资源、2 处红色设施资源，另有以革命烈士事迹与革命故事为内容的红色精神资源和以革命故事与革命史料汇编为内容的红色文艺资源。

（一）红色文物资源

红色文物资源由宁明县文物管理所珍藏，现有30多件，其中国家二级文物6件，国家三级文物3件（见表5-1）。

表5-1　　　　　宁明县文物管理所藏的部分红色文物清单

序号	名称	年代	质地	数量	文物级别
1	民国郭钦刚使用过的左轮手枪	民国	铁	1	三级
2	民国游击队员用的学习笔记本	民国	纸	1	三级
3	民国红八军组织农会写标语用的墨砚	民国	石	1	三级
4	解放战争时期施芝华用的公文皮包	民国	皮革	1	二级
5	解放战争时期黄友生用的公文皮包	民国	皮革	1	二级
6	解放战争时期李德才烈士陪葬的党章	民国	纸	1	二级
7	1947年农嘉发等人的兰友会"谱词"	1947年	纸	1	二级
8	1948年黄友生用过的蚊帐	1948年	棉麻	1	二级
9	1949年粤桂边区二十三团委任农嘉发为乡长的任命书	1949年	纸	1	二级

（二）红色遗迹资源

那练革命活动旧址，位于宁明县寨安乡那练村。那练村具有光荣的革命斗争历史。1929年，村青年黄光照、黄统之、黄光国等先后参加红军，其中黄光照曾任红七军某团团长，1930年11月在融安战斗中牺牲。1929年11月初，俞作豫派红八军黄德普、林景仁、钟祖喜、林毓培等人先后3次来到那练村进行革命活动，并任命黄光国为两明（宁明、明江县）联防主任。从此，他们以那练村为据点，宣传革命理论。11月底，那练村成立了思明地区（宁明、明江、思乐等县）第一个农民协会和赤卫队。当时，全村人口有700多人，在红八军和农会的领导下，村里群众同心协力，在村周围要道口建起了碉堡炮楼26座。国民党政府对此恨之入骨，曾于1930—1931年对那练进行过三次围攻。现村里保留有部分革命遗址，如碉堡楼、地下坑道等，并建有黄光照烈士纪念馆、主题教育馆等红色设施。

（三）红色设施资源

1. 宁明烈士陵园，是国家级烈士纪念设施，位于宁明县城西南郊，坐落在322国道旁（宁明县交通局后面的那拉山上），占地面积12万平方米，建筑面积4900平方米（见图5-7）。陵园于1989年竣工，由原来的北山烈士公墓、峙浪烈士公墓、桐棉烈士公墓整体搬迁而来。陵园坐南朝北、地势前低后高，呈天然梯形，分大门、中心广场、纪念碑、烈士墓区和陈列馆五部分。纪念碑高18米，由138块花岗岩砌筑而成，碑型如朝上的步枪口，中上部空心为戴钢盔的战士头像，碑体正面镌刻"革命烈士永垂不朽"文字。中心广场左右两边塑易挽澜、黄子荣、甘湛泽、黄光照、黄明、崔瑞英等6位不同时期牺牲的烈士雕像。烈士墓区位于陵园南端，由四大集体墓群组成，设立墓碑789座，安葬革命烈士796名，主要为1979年对越作战牺牲的革命烈士，部分为红军、抗日阵亡将士以及解放战争和抗美援朝时期牺牲的烈士。

图5-7　宁明烈士陵园

2. 爱店起义纪念碑，位于宁明县爱店镇爱店街西北面的公母山上，1997年7月建造，纪念碑正面书"爱店起义纪念碑"字样，碑顶立五角星一颗，基座正面刻"碑志"，基座两侧书碑文和牺牲英烈名录。1947年8月25日，在中共左江工委领导下，中共思明工委审时度势，成立了思明游击大队，发动了爱店起义，将党的地下斗争转为公开武装斗争。这是崇左市乃至广西革命武装斗争史上的重要事件，对于推动广西革命武装斗争的深入发展具有十分重要的意义。

(四) 红色精神资源

红色精神资源主要集中在革命烈士的先进事迹与革命故事上。如易挽澜（壮族，1899—1927年）、黄子荣（壮族，1895—1935年）、甘湛泽（壮族，1906—1930年）、黄光照（壮族，1902—1930年）、黄明（1926—1948年）、崔瑞英（壮族，1924—1949年）、李德才（1928—1949年）、利贞厚（1920—1949年）等。

(五) 红色文艺资源

红色文艺资源主要是革命故事和革命历史等资料，如《革命故事集：新民主主义革命时期》（中共宁明县党史办公室编，1993年）、《新民主主义革命时期文献资料选编》（中共宁明县党史办公室编，1992年）、《中国共产党宁明历史（第一卷1926—1949年）》（中共宁明县委编，2012年）、《思明烽火》（中共宁明县委党史办公室编，1987年）《宁明县文史资料》（第一辑至第四辑）（宁明县政协办公室编）等。

四、凭祥市红色文化资源分布情况

凭祥市的红色文化资源主要有四类，红色遗迹资源、红色设施资源、红色精神资源和红色文艺资源。现有2处红色遗迹资料，3处红色设施资源，以及以革命烈士事迹与革命故事为内容的红色精神资源、以革命史料汇编为内容的红色文艺资源。

(一) 红色遗迹资源

1. 友谊关，是全国重点文物保护单位，位于凭祥市友谊镇，距市区18公里，是通往越南的重要陆路通道和国家一类口岸。早在汉朝这里就已经设关，距今已有2000多年的历史。最初叫雍鸡关，后改名界首关、大南关，明朝设镇南关，1953年改称睦南关，1965年改名为友谊关。整座关楼1957年按原貌重建，由底座和回廊式楼阁两部分组成，通高22米，关楼上"友谊关"三个刚劲有力的大字由陈毅元帅题写（见图5-8）。阁楼分三层，以图文、实物、场景等形式，展示友谊关历史沿革、镇南关大捷、镇南关起义、红旗插上镇南关、中越两国友谊等事件。1949年12月11日18时30分，五星红旗首次在镇南关升起，宣告广西全境解放。

图 5-8 友谊关

2. 平而关战役遗址，位于凭祥市西北 22 公里处。1979 年，凭祥市革命委员会在平而关立烈士纪念碑，以纪念为夺取此次战役胜利而英勇献身的烈士们，目前这里安葬有一三四师的 26 名烈士，纪念碑正面写"革命烈士永垂不朽"八个大字，背面刻有碑文。1950 年 2 月，逃入越南北部的国民党军第十七兵团残部窜回广西，企图寻机经平而关逃往海南岛或台湾。经过精心谋划，中国人民解放军第四十五军第一三四师奉命在平而关一带设伏待机，并以突然动作包围该敌。经过七天六夜激战，最终在平而关以南的河谷地带全歼国民党第十七兵团刘嘉树部 6715 人，取得了以少胜多的突出战绩，这是解放战争中广西南疆的最后一次战役。

（二）红色设施资源

1. 南山烈士陵园，是国家级烈士纪念设施，位于凭祥市凭祥镇南山村二山街观音山。始建于 1979 年 3 月，1990 年经广西壮族自治区人民政府批准，将上柳烈士公墓部分烈士，以及上石烈士公墓部分烈士迁移至南山烈士陵园重新安葬，总占地面积 2.5 万平方米。南山烈士陵园安葬烈士 654 名，其中对越自卫反击战牺牲烈士 642 名，包括一级战斗英雄 3 名，王木舟、郑宏余、何锡祥；二级战斗英雄 2 名，郑志安、郭永金；民兵战斗英雄 1 名，陆天桂；另有部分是各个时期牺牲的烈士。

2. 匠止烈士陵园，是国家级烈士纪念设施，位于凭祥市友谊镇匠龙村匠止屯马安山麓上，三面环山，环境优美。始建于1979年3月，原名"匠止烈士公墓"，安葬原五十五军一六三师在中越边境自卫还击作战牺牲的烈士，1988年9月又将卡防隧道顶山坡烈士墓安葬的部分一六三师烈士，以及油隘、上柳、伏波山、板咘、板价等墓点的烈士迁移至此重新安葬，2007年进行大规模的重修，并更名为"匠止烈士陵园"，总占地面积8900平方米，由大门、纪念碑、烈士墓区组成，纪念碑主体为灰白花岗岩解放军战士雕像（见图5-9），高12米，雕像基座背面是碑记，后方为烈士墓区，自上而下分为五层，安葬烈士1020名，其中对越自卫反击战牺牲烈士878名。

图5-9 匠止烈士陵园

3. 法卡山英雄纪念碑园，是国家级烈士纪念设施，位于凭祥市夏石镇夏石社区南面一公里的步坡哨山顶上。陵园处于独立山包之上，建造于1985年，是为安葬1981年在抗击侵略者、收复和坚守法卡山而牺牲的154名烈士而建。总占地面积为2.35万平方米，由大门、登山道、纪念广场、纪念碑、烈士墓区、陈列馆等组成（见图5-10）。纪念碑高10米，正面铭文"革命烈士永垂不朽"，碑顶有一戴头盔的解放军战士头像，碑基座背后有大理石碑文，刻牺牲烈士的名字。纪念碑北面是烈士墓区。陈列馆通过图文、实物、场景等，集中展示法卡山战斗英雄事迹。碑园于2007年、2009年和2010年经过三次重修。

第五章　广西边境地区红色文化资源概况　83

图5-10　法卡山英雄纪念碑园

（三）红色精神资源

红色精神资源一部分为早期革命先烈的事迹与故事，如陆绍修（壮族，1891—1931年）、凌锦标（壮族，1889—1931年）。另一部分是边境作战牺牲的先烈事迹。

（四）红色文艺资源

红色文艺资源主要是当地汇编的相关革命史料，如《凭祥党史资料：新民主主义革命时期（1929—1949年）》（中共凭祥市委党史办公室编，1992年）、《中国共产党凭祥历史（第一卷 1925—1949年）》（中共凭祥市委党史研究室编，2010年）、《凭祥文史资料》（第一辑至第四辑）（凭祥市政协文史资料工作委员会编）等。

五、龙州县红色文化资源分布情况

龙州县的红色文化资源主要有六类，红色文物资源、红色遗迹资源、红色设施资源、红色精神资源、红色文艺资源和红色衍生资源。红色文物资源涉及各个革命历史时期，以武器和先辈遗物居多。现有7处红色遗迹资源、5处红色设施资源，另有以龙州起义和左江革命根据地斗争实践为主要内容的红色精神与文艺资源。同时还有与之相关的红色衍生资源。

（一）红色文物资源

红色文物资源由龙州起义纪念馆收藏，目前有230多件，其中国家一级文物3件、国家二级文物9件、国家三级文物90多件（见表5-2）。

表5-2　　　　龙州起义纪念馆藏的部分红色文物清单

序号	名称	年代	质地	数量	文物级别
1	1930年中国红军第八军铜帽徽	1930年	铜	3	一级
2	1930年中国红军第八军使用的"乙酉"铜锅	1930年	铜	1	二级
3	1930年中国红军第八军使用过的铜军号	1930年	铜	1	二级
4	1930年中国红军第八军用于印刷《工农兵报》的印刷机	1930年	木铁	1	二级
5	1930年龙州起义红八军铜军号	1930年	铜	1	二级
6	1930年龙州起义铜子弹壳	1930年	铜	1	三级
7	1930年龙州起义铜子弹头	1930年	铜	5	三级
8	1930年中国红军第八军在凭祥阻击战中使用的铁砍刀	1930年	铁	1	三级
9	1930年中国红军第八军使用的桐油灯	1930年	铁	1	三级
10	1930年中国红军第八军牺牲战士的布鞋	1930年	棉麻	2	未定级
11	民国林景云烈士生前用的陶药罐	民国	陶	1	三级
12	民国林景云烈士生前用的陶花盆	民国	陶	1	三级
13	土地革命战争时期凭祥赤卫队使用过的铁炮	民国	铁	1	三级
14	土地革命战争时期崇善农民赤卫队使用的短剑	民国	铁铜	1	三级
15	土地革命战争时期龙州赤卫队使用的铁砍刀	民国	铁	1	三级
16	解放战争时期左江支队司令员莫一凡使用的皮包	民国	皮革	1	三级
17	解放战争时期滇黔桂左江支队政治部主任梁游用的铁锅	民国	铁	1	三级
18	解放战争时期吴西使用过的望远镜	民国	玻璃铜	1	三级
19	解放战争左江支队龙州大队使用的子弹	民国	铜	4	未定级
20	解放战争时期龙州武装大队宣传口号手抄本	民国	纸	1	未定级
21	解放战争时期滇黔桂左江支队营长陈秀东用的棉毯	民国	棉麻	1	未定级
22	1947年龙州大青山起义缴获国民党林警的步枪	1947年	木铁	2	未定级
23	1947年龙州大青山起义缴获国民党的炮弹	1947年	铁	2	未定级
24	对越自卫反击战时期龙州县对外广播站用的广播调音器	1979年	其他	1	三级
25	对越自卫反击战时期龙州县对外广播站用的盘式录音机	1979年	其他	1	三级
26	对越自卫反击战时期龙州县对外广播站用的打字机	1979年	其他	1	三级

（二）红色遗迹资源

1. 中国工农红军第八军军部旧址和左江革命委员会旧址，是全国重点文物保护单位，位于龙州县新街19号，原为当时龙州乃至广西西南地区有名的"瑞丰祥钱庄"，总占地面积4922平方米，现存一幢法式建筑风格的楼房和一幢中式传统建筑，建筑占地面积780平方米（见图5-11）。1929年百色起义后，邓小平从百色到龙州，传达中共中央和广西前委关于龙州起义建立红八军的指示。1930年2月1日举行龙州起义，宣告中国工农红军第八军和左江革命委员会成立。红八军成立后，在瑞丰祥钱庄设立红八军军部，以指挥广西左江地区的革命斗争和军事行动，左江革命委员会也同时设在军部的右面。旧址楼前至今还保存有当年邓小平同志亲手所植的两棵柏树。现旧址有红八军军部原状陈列，以及"邓小平与龙州图片展"。

图5-11　中国工农红军第八军军部旧址

2. 龙州起义（红军）标语，原位于龙州县人民医院门诊楼左侧小门旧墙壁上，后出于文物保护需要，整块墙壁迁至红八军军部旧址。标语内容为"拥护苏维埃政府，拥护中国共产党"，标语是1930年春龙州起义期间所写，字迹已十分模糊。墙体长11.25米、高1.3米，标语的字写得不太规整，大小不一，有12×13厘米，也有9×12厘米的，字体可算楷书。

3. 龙州（水陇—甫茶）红军路，位于龙州县上龙乡，起于上龙村水陇屯，至于新联村甫茶屯，全长约5公里，是古龙州城通往外省的要道。1929年，邓小平、李明瑞等革命者为筹备龙州起义多次经此路往返于龙州与百色间，并在此召开水陇平叛会议，为龙州起义奠定了良好基础。当年，为巩固革命胜利的果实，龙州起义后，红八军一纵队也经此路分赴大新、靖西、下雷等地剿匪。为纪念龙州起义及革命的艰辛岁月，龙州人民将此路称为"红军路"。现该处成为革命教育的重要地点，开展了重走红军路活动，水陇屯建有陈列室，以图文形式展示这段历史。

4. 龙州起义庆祝大会旧址，位于龙州县龙州镇新填地广场。1930年2月1日，1万多军民从四面八方聚集新填地广场举行龙州起义庆祝大会。上午9时，大会主席何世昌庄严宣布中国红军第八军和左江革命委员会成立，同时宣布俞作豫任红八军军长，邓小平任政委（兼），何世昌任政治部主任，宛旦平任参谋长，王逸任左江革命委员会主席，李明瑞任红八军总指挥。会上，何世昌还代表军委作了重要讲话，阐明中国共产党的政治主张和红八军的政治纲领。2009年，龙州县政府对庆祝大会旧址进行了重建，现包括庆祝大会纪念广场和戏台两部分。

5. 龙州铁桥阻击战遗址，位于龙州县龙州镇兴龙路南端临江处。龙州铁桥始建于1913年，是以两岸天然生成的石崖壁作为桥墩构筑，桥长123米，宽3.8米，高26米，是广西第一座公路钢铁结构大桥，也是当时龙州城连接南北两岸的唯一陆路通道（见图5-12）。1940年，日军从南宁第二次进犯龙州前夕，国民党军以阻遏日军进犯为名，将铁桥炸毁，现只残存高塔。

图5-12 龙州铁桥阻击战遗址

1930年3月20日，趁红八军分赴各地开展革命斗争，龙州城防薄弱之际，新桂系反动军阀命令梁朝玑率4个团，勾结龙州地方反动武装共5000多人，兵分两路"围剿"龙州城。留守龙州城的第二纵队、军部机关人员和赤卫队员一共只有1000多人。由于敌人以四倍于我军的兵力，双方力量过于悬殊。军长俞作豫决定，率领军部和第二纵队撤出龙州，向凭祥方向突围。由第一路游击大队政治部主任严敏带领部分部队扼守桥头掩护，在这场战斗中，400多名红军战士壮烈牺牲。

6. 大青山起义旧址，位于龙州县龙州镇彬桥乡先锋农场大青山分场，这里原为国民党大青山"龙州林场"，建于1933年。起义旧址是一座泥冲墙硬山顶木结构两层建筑，三开间，面阔18.2米，进深18.4米，高7.9米，檐口高4.1米，占地面积293.32平方米，建筑面积约400平方米。1947年8月19日，中共左江工委根据中共广西自治区委工作会议决议精神，由工委书记黄嘉带领28名武装人员组成的小分队，袭击大青山龙州林场。这次战斗不费一枪一弹，一举成功，全俘伪场长、林警队长和十多名林警，史称大青山起义。大青山起义是解放战争时期左江地区革命由隐蔽到公开武装斗争的标志。起义胜利后，中共左江工委便以大青山为中心，建立革命根据地。

7. 越南"边界战役"陈赓指挥所旧址，位于龙州县下冻镇布局村，该指挥所为一栋坐西南向东北，两开间两层穿斗结构瓦房，面阔5.83米，进深10米，占地面积116.6平方米。1950年1月底，胡志明主席秘密访问中国，请求援助。中共中央毛泽东主席做出全面援越的重大决策。1950年7月，陈赓将军入越，协助越南人民军组织指挥边界战役，扫清边界敌人，以打通中越陆路通道。陈赓将军和胡志明主席与越共军队参谋部多次在此研究作战方案，指挥战斗，取得了边界战役的胜利。该房屋现已被拆。

（三）红色设施资源

1. 龙州起义纪念馆和红八军纪念广场，位于龙州县城东区独山大道，是纪念邓小平亲自组织、领导和发动龙州起义、创建红八军的专题纪念馆，于2004年8月19日纪念邓小平100周年诞辰时开放并投入使用。建筑面积5436平方米，展厅面积2700平方米。展览通过"边关风云""赤色龙州""解放左江""丰碑永存"四个部分再现龙州起义这一波澜壮阔的历史风云，着重介绍红八军和左江各族人民，以鲜明的旗帜和大无畏的革命精神，对法帝国主义和国民党反动派势力进行了英勇顽强的斗争。

红八军纪念广场位于龙州起义纪念馆前，占地8万平方米，纪念广场耸立的邓小平铜像于2005年8月1日落成，座上雕塑高8.22米，铜像高度为6.22米，垫石座高1.904米，其寓意为1904年8月22日是邓小平的诞辰。台座为四方梯塔形，正面镌刻着22个金光闪闪的大字："我是中国人民的儿子，我深情地爱着我的祖国和人民。"

2. 龙州起义革命烈士纪念碑，位于龙州县龙州镇利民街中山公园内，是为缅怀在龙州起义中牺牲的红八军和左江革命委员会的革命烈士而建，1960年奠基，1964年落成，碑台建筑面积1613平方米，碑呈方形，分碑身、基座、台座三部分，台座分两层，四周环绕设有栏杆，均有台阶。碑高16.3米，西面、南面、北面分别刻邓小平、韦国清、张云逸于1962年为龙州红八军烈士纪念碑的亲笔题词"革命胜利的果实，是烈士们的鲜血凝成的。红八军和人民革命先烈们的丰功伟绩，永远活在我们的记忆里""革命烈士精神不朽""革命烈士的伟大功绩，永远留在人民的心间"；正面刻"革命烈士纪念碑"七个大字（见图5-13）。1999年和2010年分别进行过扩建和维修改造。

图5-13　龙州起义革命烈士纪念碑

3. 龙州起义纪念碑，位于龙州县城东区的将军岭中央。纪念碑大体按北京人民英雄纪念碑式样、规模的80%比例设计，碑体造型肃穆庄严，雄伟壮观。纪念碑于 2010 年，即龙州起义 80 周年之际，投入建设。纪念碑坐北向南，碑身高 19.30 米，通高 30.21 米，寓意 1930 年 2 月 1 日龙州起义的时间。基座宽 15 米，寓意当时的 15 个县是左江革命根据地的创立基础；碑身宽 7 米，碑帽宽 8 米，寓意红八军是在红七军成立之后创建的（见图 5 - 14）。

图 5 - 14　龙州起义纪念碑

碑体基座四面浮雕共 9 组，分别是：①胜利起义；②邓小平领导建设党组织；③土地革命；④驱逐法国领事；⑤清匪反霸；⑥铁桥阻击战；⑦凭祥阻击战；⑧彩村突围战；⑨红七、红八军会师，以展示中国红军第八军创建前后的重大历史事件。纪念碑正面镌刻"龙州起义纪念碑"，背面镌刻邓小平"革命胜利的果实，是烈士们的鲜血凝成的，红八军和人民革命先烈们的丰功伟绩，永远活在我们的记忆里"的题词。碑体两侧为当年红八军的帽徽图案。

4. 龙州烈士陵园，是国家级烈士纪念设施，位于龙州县上龙乡弄平村弄平屯，距县城 5 公里，原名"自善烈士公墓"。1979 年 3 月，为安葬对越自卫还击作战牺牲的烈士而建造，1988 年 7 月，扩建后改称为"龙州烈士陵园"。陵园总占地面积 2.28 万平方米，有烈士纪念碑一座，高 6 米，碑主体为一位战士雕像，雕像基座正面刻"革命烈士永垂不朽"八个大字，左右两侧的浮雕，分别表现人民解放军浴血奋战和民兵踊跃支前的光辉形象。园内安葬第一、第二次国内革命战争、抗日战争、解放战争英烈 143 名，对越自卫反击战牺牲的烈士 2169 名、支前民兵 66 名。2008 年、2010 年国家分别划拨资金对烈士陵园进行了改造建设，包括地面硬化、绿化、修建围墙、建设陈列室、对烈士墓碑进行修缮等。

5. 龙州水口中越烈士墓园，位于龙州县水口镇共和村那然屯，距离龙州县城 34 公里。墓园建于 1990 年，是为纪念中越两国革命烈士而建。墓园分别用中文与越文书写名称，墓园广场上建有一座高 10 米的广西游击队员与越南人民军手持钢枪、并肩作战的雕像。雕像背面分别用中文与越文撰写碑记。1949 年 6 月，为配合中国人民解放军实施渡江战役，彻底解放全中国，中共广西左江游击队在司令员莫一凡指挥下，展开了围歼国民党保安六团的水口战斗。此战获得越南人民军的支援，中越两国革命战士并肩作战，与敌激战两昼夜，毙敌 300 余人，取得了战斗的胜利，共有 22 名越南战士牺牲。

（四）红色精神资源

红色精神资源内涵丰富，主要是在龙州起义和左江革命根据地斗争实践时，所涌现的先进事迹与革命故事，所凝结和铸就的革命精神、革命思想、革命口号，所形成的规章制度等。如龙州起义的主要领导者邓小平、俞作豫、李明瑞，以及牺牲的杨春秀（壮族，1888—1930 年）、张兆梅（壮族，1894—1930 年）、杨志坤（壮族，1896—1930 年）、何建南（壮族，1901—1930 年）、甘颖川（1906—1930 年）等革命烈士的事迹与故事；又如 1930 年 2 月 12 日发布的《中国红军第八军目前实施政纲》，左江革命委员会颁布的《土地法》，以及与之相关的起义标语、红八军标语和红八军歌谣等。

（五）红色文艺资源

红色文艺资源一是红色歌谣。如《大家努力做先锋》流传于 1927 年的龙州，用于当时农协会宣传。歌词内容为："借着两只手啊，拼着一身汗，大家要做（个）人啊，不劳动不配吃饭。做工是求学，求学也是做工，大家努力做（个）先锋，同做有益的劳动。"又如用白话唱的歌谣，歌词内容为："提起红八军，讲来新又新，时常叫开会，老少都来齐，地点新填地，近在青龙庵，高呼的口号，打倒土豪绅，官兵同一律，饷银二十文（元）。"

同时，还有相关的文献史料、革命故事汇编，如《龙州革命斗争回忆资料选编》（中共龙州县委党史办公室编，1991 年）、《龙州县党史资料编目》（中共龙州县委党史办公室编，1985 年）、《印山火焰：上八两乡革命斗争史》

(中共龙州县委党史研究室编,2001年)、《南天红烛:龙州革命故事集》(中共龙州县委党史办公室编,1994年)、《中共龙州县党史大事记:新民主主义革命时期》(中共龙州县委党史办公室编,1991年)。

(六) 红色衍生资源

红色衍生资源,一是红色题材的影视作品,如电影《邓小平与龙州》、专题片《龙州起义:西南热土上的红色记忆》、纪录片《百色起义、龙州起义和左右江根据地的创立》;二是以龙州起义为题材的文化创意产品。

六、大新县红色文化资源分布情况

大新县的红色文化资源主要有五类,即红色文物资源、红色遗迹资源、红色设施资源、红色精神资源和红色文艺资源,其中红色遗迹资源3处,红色设施资源3处,另有1件红色文物,以及以革命烈士事迹与革命故事为内容的红色精神资源和以革命史料汇编为内容的红色文艺资源。

(一) 红色文物资源

红色文物资源较少,目前大新县博物馆收藏有1件红色文物,为民国时期万承农民自卫军干部使用的手枪,文物级别未定。

(二) 红色遗迹资源

1. 碧云洞革命活动旧址,位于大新县宝圩乡宝圩街西南500米山腰上,洞口朝南,宽12米,高5米,纵深14米。清嘉庆十一年(1806年)由当地群众辟为观音岩,岩洞口上书"碧云洞"三字,现石壁上还存近10幅清代文人题字墨迹(见图5-15)。1930年3月2日,红八军政委邓斌(邓小平)从龙州到雷平县会合红八军第一纵队时,在洞内主持召开了两次重要会议。第一次是对严重违反军纪的韦排长实行处决;第二次是制定部队往靖西行军的行动计划。1930年3月4日,邓小平和第一纵队离开宝圩后,碧云洞即成为宝圩一带革命活动的主要地方。

2. 八万桥战斗遗址,位于大新县城宝新村那阳屯北面80米,该桥始建于清嘉庆十二年,清同治十一年重修,桥总占地面积600平方米,东西走向,三跨拱,料石结构,加引桥全长80米、宽3米、高4米。1949年6月11日,左江支队第三团和养利县独立营、各乡武工队以及万承县部分基干队、民兵,在

图 5－15 碧云洞革命活动旧址

左江工委副书记梁游和甘苦、黄健天、陈玉等的指挥下，在八万桥围歼国民党养利县民众自卫总队副司令冯夷惠部，其中生俘冯夷惠及士兵 200 多人，击毙 100 多人，并缴获长短枪 200 多支和一批军用物资。

3. 雷平县民主政府旧址，位于大新县堪圩乡堪圩街中段。1929 年至 1930 年间，红八军政委邓斌（邓小平）数次到雷平指导革命活动。1948 年 3 月 12 日，中共左江工委发动堪圩起义。1949 年 9 月 8 日，在堪圩成立雷平县民主政府，任农忠卫为县长，农恒春为副县长。旧址为砖木结构建筑，进深 10 米，面阔二开间。2004 年对其进行了一次维修。

（三）红色设施资源

1. 堪圩革命烈士陵园，位于堪圩乡堪圩街南面，主要安葬 1948 年 2 月中国人民解放军滇桂黔边区纵队左江支队雷平县独立大队在阻击国民党雷平县的特编队、联防队战斗中牺牲的烈士。1957 年 4 月 6 日建成，1981 年重修，陵园坐西向东，西南面临山，东北面靠公路，四面略成方形，由纪念碑和烈士墓两部分组成，总占地面积 850 平方米。纪念碑正面书"堪圩革命烈士纪念碑"，背面下方刻陵园碑志。陵园周围，用钢筋水泥筑成 1 米多高的白色栏杆围廊。园内长眠有农秀、黄政、黄兆品、农益民、林美都、黄焕章、农日深、黄日忠等 8 位革命烈士。之后又把解放战争中牺牲的闭复展，以及解放后为保家卫国牺牲的梁景宏、黄立定、李志成等烈士遗骨移至园内安葬。2014 年和

2020 年政府对陵园进行了两次修缮。

2. 西门岛革命烈士纪念碑，位于大新县城西门岛公园内，始建于 1988 年，是纪念在各个不同时期为大新解放事业立下丰功伟绩的革命先烈而建。纪念碑矗立在西门岛的最高处，前后均有石阶可上，碑整体呈塔状，顶端塑三个人物雕像，分别为红军、农民自卫军和女战士，中部竖刻"革命烈士纪念碑"字样，基座刻"碑志"，介绍立碑缘由，碑背面用壮文书写同样内容，碑两侧各镶浮雕 1 块。纪念碑四周环绕青松，正前面台阶两侧立一对石狮。

3. 大新县博物馆，位于大新县桃城镇民权路 2 号，博物馆成立于 1983 年，馆内常设基本陈列《大新出土文物展》《大新县风光、历史与民俗展览》。现博物馆利用旁边的养利古城南门楼，在其上设置"不忘初心、牢记使命——革命传统教育展览"，展览通过图片、文字介绍了大新的革命斗争史。

（四）红色精神资源

红色精神资源主要集中在革命烈士事迹与革命故事上，代表性人物有农秀（壮族，1926—1948 年）、农辉兴（壮族，1957—1979 年）、黄昆庭（壮族，1890—1931 年）、戴志敏（1959—1979 年）、农西（壮族，1922—1950 年）、李贵才（壮族，1917—1949 年）等。

（五）红色文艺资源

红色文艺资源主要是革命史料汇编，如《大新党史资料丛书（第一辑至第三辑）》（中共大新县委党史办公室）、《中共大新县党史大事记：新民主主义革命时期》（中共大新县委党史办公室，1991 年）、《大新风云》（中共大新县委党史办公室，2006 年）等。

七、靖西市红色文化资源分布情况

靖西市的红色文化资源主要有五类，即红色文物资源、红色遗迹资源、红色设施资源、红色精神资源和红色文艺资源。红色文物资源主要是解放战争时期靖镇边区游击队、滇桂黔边纵队所使用的武器、用具，以及其他相关遗物等，另还有对越自卫反击战时期的见证物。现有红色遗迹资源 9 处、红色设施资源 5 处，以及以革命烈士事迹与革命故事为内容的红色精神资源和以革命回忆录、红色歌曲、报告文学等为内容的红色文艺资源。

（一）红色文物资源

红色文物资源由靖西市壮族博物馆收藏，现有40多件，其中国家二级文物1件，国家三级文物35件（见表5-3）。

表5-3　　　　　　靖西市壮族博物馆藏的部分红色文物清单

序号	名称	年代	质地	数量	文物级别
1	1947年靖镇边区游击队吕世尚手抄歌曲本	1947年	纸	1	二级
2	1947年靖镇边区游击队员吕世尚用过的铁刀	1947年	铁	1	三级
3	1947年靖镇边区游击队员吕世尚用的水壶	1947年	金属	1	三级
4	1946年靖镇边区游击队使用过的学习教材	1947年	纸	1	三级
5	1947年靖镇边区游击队员黄永安用过的刺刀	1947年	金属	1	三级
6	1947年靖镇边区游击队员用过的木风箱	1947年	木	1	三级
7	1947年靖镇边区游击队黄永安用过的皮公文包	1947年	皮革	1	三级
8	1947年靖镇边区游击队员廖其昌用过的牛角号	1947年	骨角	1	三级
9	1947年靖镇边区游击队高玉英用过的木柄铁长矛	1947年	铁	1	三级
10	1947年靖镇边区游击队员吕世尚用过的粉枪	1947年	金属	1	三级
11	1947年靖镇边区游击队员赵光汉用过的手枪	1947年	铁	1	三级
12	1947年靖镇边区游击队员用过的椰子碗	1947年	其他	1	三级
13	1947年滇桂黔纵队在云南外军用的铜茶壶	1947年	铜	1	三级
14	1947年滇桂黔边纵队念井直属兵工厂用过的铁钳	1947年	铁	1	三级
15	1947年滇桂黔边纵队念井直属兵工厂用过的手挫	1947年	金属	1	三级
16	1947年滇桂黔边纵队念井直属兵工厂用过的手锯	1947年	金属	1	三级
17	1947年滇桂黔边纵队右江上游指挥部刘包用过的公文包	1947年	皮革	1	三级
18	1947年滇桂黔纵队军械所制造的铝盅	1947年	铝	1	三级
19	1949年滇桂黔边纵队借群众粮食的借据	1949年	纸	1	三级
20	1978年越南在我国境内埋没的竹签	1978年	竹	1	三级
21	1979年越南在我国境内埋没的反步兵地雷	1979年	金属	1	三级
22	1979年越南在我国境内埋没的木制地雷	1979年	金属	1	三级
23	1979年越南向我国境内发射的130苏制冰雹火箭弹	1979年	金属	1	三级
24	1978年越南侵略我国时被缴获的匕首	1978年	金属	1	三级
25	1979年越南侵略我国时被缴获的苏制望远镜	1979年	金属	1	三级
26	1979年越南侵略我国时被缴获的军帽	1979年	金属	1	三级
27	1979年越南侵略我国时被缴获的防毒面具	1979年	其他	1	三级

（二）红色遗迹资源

1. 红八军围攻靖西城遗址，位于靖西县党校西北约 20 米的主山上。主山，旧称独秀山，是一座平地而起的石灰岩孤山，高约 45 米，山腰、山脚四面均有宽敞岩洞，有山道通顶巅，山下四周为较广阔的平地，是俯瞰县城和四周的制高点。1930 年红八军攻打靖西县城时，指挥所就设在主山上。1930 年 3 月 7 日，中国工农红八军为了打通左右江革命根据地的通道，派出何家荣率第一纵队从龙州到靖西围攻县城叛军郑超营，总攻政邓斌（邓小平）亲临督导（3 月 10 日转右江，后到东兰向红七军传达中央指示）。红八军分别在城外主山、裸靠屯、五里桥等地驻扎，以主山为作战制高点，围攻县城七天，后因与军部联系中断，放弃攻城，转战滇、桂、黔边境，与红七军会合。

2. 湖润大榕树战前动员会旧址，位于靖西市湖润镇湖润街的大榕树下。1930 年红八军攻打靖西县城时，邓小平曾在大榕树下召开攻坚战动员会。现在大榕树旁，建有"红军亭"，亭子两侧书对联 1 幅"小平足迹留万代 宏业丰碑耀千秋"；亭子右侧立有 1 块丰碑，其正面为浮雕，刻画红八军围攻靖西县城时的战斗情景，背面为"碑记"，介绍邓小平在湖润镇大榕树下召开动员会的过程（见图 5 - 16）。

图 5 - 16　大榕树旁的红军亭

3. 弄浪岩战斗遗址，位于靖西市南坡乡弄栋屯西面约 1.5 公里处。弄浪岩因弄浪屯东面山腰有一岩洞而得名，岩洞朝北，洞中有洞，外洞高 2.5—4

米、宽 25 米、深约 6 米，内洞下深约 3 米，洞口垒起石墙，石墙高 2 米。1948 年 3 月，为粉碎国民党广西当局"清剿"，中共靖镇区工委布置群众疏散。南坡乡栋蒙村群众在疏散时，将不能带走的粮食和财物藏于弄浪岩，并由民兵、群众 50 余人守护。3 月 23 日，国民党军队和部分保安队、民团 300 余人占领弄栋屯，以为人民武装主力在大岩洞，就集中力量进攻。洞里民兵群众以石头、粉枪等多次击退敌人。夜间工委秘密向洞里补充武器弹药，民兵和群众一直坚持战斗。国民党军队久攻不下，便从县城抬来山炮，轰塌洞口，又搬来柴火烧洞，民兵和群众随即从地下洞口转移。此役，与敌人战斗 8 天 8 夜，击毙 36 人。2012 年，该乡在达腊村弄栋屯建革命烈士纪念广场和陈列室。

4. 农民协会干部培训班旧址，位于靖西县吞盘乡念涌屯东约 1 公里的弄姜山洞中，洞口向南，高 1.7 米、宽 1.2 米，洞内宽 15 米、深 25 米。1943 年，中共桂西南区特派员覃桂荣，奉中共广西自治区委的指示，与杨烈同志一起到靖西、镇边开辟新区，于 5 月间在弄姜岩开办第二期农民协会干部培训班，学员 37 名，主要学习国内国际革命形势和革命理论，这为靖镇区培训了一批革命骨干。

5. 吕剑烈士墓，位于靖西市新靖镇环城街北面约 1 公里处。1956 年县人民政府资建革命烈士纪念塔，就将吕剑烈士遗骸移葬于纪念塔后面。墓朝东，呈圆柱形，碑文"吕剑烈士之墓"，碑座雕刻有花纹。吕剑（1925—1950 年），原名陈凤鸣，广西防城人。1942 年 11 月加入中国共产党。1945 年春，毅然弃学参加钦防抗日游击队。抗日战争胜利后，调任广东南路人民解放军第一团第四营第二连指导员。1947 年冬，到靖镇地区发展滇桂黔边游击根据地，历任中共靖镇地区工委委员、宣传部长、滇桂黔边纵右江上游区指挥部政治部主任。1950 年 1 月 7 日，任靖西县军政委员会秘书长。1950 年 2 月 22 日，在阻击国民党第十七兵团刘嘉树残部时，不幸中弹负伤，因伤势过重于 2 月 25 日光荣牺牲。

6. 龙湖县民主政府旧址，位于靖西市湖润镇湖润街。1948 年 2 月至 1949 年 7 月，中共靖西特支改为龙湖特支后，积极开展革命活动，人民武装也由原来 3 个连壮大到 5 个连，龙湖全境基本为我游击队控制，1949 年 9 月"龙湖民主政府"在湖润镇湖润街正式宣布成立，县长为谭镇。龙湖县民主政府旧址为民国所建,占地面积837平方米,坐东朝西,青砖瓦面,硬山顶,抬梁式砖木结构,三进二井,进深65.39米、面宽12.8米,街委多次对旧址进行维修。现为湖润镇第一幼儿园使用。

7. 龙邦坡嘎拉山抗美援越工事遗址,位于靖西市龙邦镇,始建于1892年,是一处地下工事建筑。该建筑以坡嘎拉山为中心,共有九层地道防御体系,地道与四周山岭相连,长达十多公里,形成了格局离奇的军事迷宫。该地下设施能防御火攻、水攻,以及飞机、大炮、导弹、核弹的袭击,同时具有观测通信、指挥调度、屯兵出击的功能,哨兵岗、指挥所、武器库、住兵房、地下医院以及汲水运粮等设施一应俱全,在抗美援越中发挥了重要作用。

8. 湖润庭毫山自卫反击战遗址,位于靖西市湖润镇,具体位置在中越边界第六十二号和第六十三号界碑连接线的中国一侧。1978年3月越南侵略军砸碎了靖西县边界上的六十三号界碑,入侵庭毫山我国领土,肆意挖工事,筑碉堡,埋地雷和竹尖,并不时向山下的中国村庄和在田间劳动的中国居民开枪射击,使我边境群众无法正常生产和生活。1978年11月1日解放军边防战士、民兵到庭毫山我方一侧执行巡逻任务,即遭到越南侵略军预先设伏,制造了一起震惊中外的边界流血事件。1979年2月17日,我国军民奋起反击,一举歼灭了庭毫山的越南侵略军,收复了失地,把红旗插上了庭毫山。这是解放军打响对越自卫反击战的第一枪。

9. 巴恩山自卫反击战遗址,位于靖西市龙邦镇。巴恩山曾是守卫国门的前沿阵地,它有两个山头,且有公路相连,山头延伸至中越边境。1979年,我军在山上构筑了碉堡和战壕,在自卫还击战中,起着举足轻重的作用,圆满完成了上级交给的战斗任务。原有哨所雄踞主峰山头,现已撤掉,但仍留有地道、战壕、碉堡等军事工事。

(三) 红色设施资源

1. 靖西烈士陵园,是国家级烈士纪念设施,位于靖西市新靖镇环河村球路屯东高城岭,始建于1981年,是为安葬1979年在对越自卫反击战中光荣牺牲的烈士而建。陵园由烈士纪念碑、陈列馆和烈士墓区组成,总占地面积8.2万平方米(见图5-17)。纪念碑高16米,为钢筋混凝土结构,外面由花岗岩装饰,正面书"革命烈士纪念碑"字样,基座正面是一队冲锋向前的解放军战士浮雕，背面是撰写的碑文。陈列馆建于 1989 年 8 月，建筑面积为 461 平方米，以图文方式展示这段历史。纪念碑背后为烈士墓区，墓区分四个区，随山势呈阶梯式安葬对越自卫还击战和对越防御作战期间牺牲的革命烈士 1116 名，其中授予英雄称号 6 名，一等功臣 40 名，二等功臣 178 名，三等功臣 539 名。

图 5-17　靖西烈士陵园

2. 安德英雄纪念碑，位于靖西市安德镇安德街南面，是在原革命烈士墓基础上扩建的，共有三层台阶，纪念碑在第三层，建于 1998 年，是为缅怀在各个时期牺牲的英雄而建。碑正面书"英雄纪念碑"，碑有两层基座，第一层介绍立碑缘由，第二层罗列不同时期的英雄；革命烈士墓位于第二层，1982 年立，碑文正中书"革命烈士墓"，右侧记载烈士姓名、籍贯及牺牲过程。

3. 个宝水利工程友谊纪念碑，位于靖西市壬庄乡邦亮村东南面约 3 公里处，距 78 号国界碑约 200 米。始建于 1963 年，是为纪念中越两国合作兴建个宝水利工程而立。碑为火砖水泥结构、方形、总高 5.9 米、主碑 4 米、碑基 0.9 米、碑座 1 米，四面宽 1.5 米，均有花卉图案浮雕。碑南、北两面分别以中、越文刻碑名"个宝水利工程友谊纪念碑"，东、西两侧用两国文字介绍水利工程，碑额雕葡萄图案，象征友好（见图 5-18）。靖西县敏马、壬庄两河流至中越边境被陇能、古庞两座石山截阻，使靖西个宝大队历年受淹，而越南高平省重庆县丰念、玉溪两社却因水流不畅，历年受淹受旱。为消灭旱涝灾害，改善边境人民生活，两国一致同意合作兴建个宝水利工程。工程于 1958

年 10 月 1 日开工，1959 年 11 月 1 日完工。工程凿穿石山长 294.4 米，架设渡槽 189.6 米，用 72.15 万工，水泥 84 万公斤，开砌石 8.51 万立方米，河沙 3.58 万立方米，石灰 700 吨。

图 5-18　个宝水利工程友谊纪念碑

4. 革命烈士纪念塔，位于靖西市新靖镇环城街北面约 1 公里处，1956 年由县人民政府资建。纪念塔总高 10 米、塔基 3 米、碑座 1 米，正面镶"革命烈士纪念塔"、两侧镶"革命烈士纪念碑"正楷大字，塔基四面镶字"革命烈士永垂不朽"（见图 5-19）。塔后为吕剑烈士墓。吕剑（1925—1950 年），广西防城人，中共党员，1947 年到靖西镇边进行革命活动。1950 年在平孟阻击国民党军残部的战斗中光荣牺牲。

图 5-19　革命烈士纪念塔

5. 靖西市壮族博物馆，位于靖西市中山公园西北侧，1987年建成。博物馆占地面积4320平方米，总建筑面积1880平方米，馆内设有历史文物陈列、文化艺术陈列、民俗风情陈列、革命历史陈列四个展厅，全面展现靖西的历史与文化。革命历史展厅，展出了第二次国内革命战争时期、抗日战争时期、解放战争时期靖西市武装斗争的文物和图片，再现了靖西的革命历史。

（四）红色精神资源

红色精神资源主要集中在革命烈士事迹与革命故事上，代表性人物有唐浚（壮族，1896—1934年）、岑日新（壮族，1892—1944年）、吕剑（1925—1950年）、许胜南（壮族，1921—1950年）、张海洲（1957—1979年）等。

（五）红色文艺资源

红色文艺资源包括：一是革命史料和革命回忆录等，如《黎明前的靖敬边风云：在广西靖西、敬德边艰苦地下革命活动的回忆》（中共靖西县委党史办，2007年）；二是解放战争期间，在靖镇地区创作和传唱的红色歌曲，如《武工队之歌》《我们的队伍来了》《四季生产谣》《农家乐》等。还有与对越自卫反击战有关的报告文学，如《南疆战歌：靖西县民兵自卫反击战报告文学特写集》（靖西县革命委员会、靖西县人民武装部，1979年）。

八、那坡县红色文化资源分布情况

那坡县的红色文化资源主要有五类，即红色文物资源、红色遗迹资源、红色设施资源、红色精神资源和红色文艺资源。红色文物资源主要是解放战争时期靖镇边区游击队所使用的武器及相关遗物等，还有对越自卫反击战时期的见证物。现有红色遗迹资源10处，红色设施资源4处，以及以革命烈士事迹与革命故事为内容的红色精神资源和以革命史料和革命回忆录为内容的红色文艺资源。

（一）红色文物资源

红色文物资源由那坡县博物馆收藏，现有60多件，其中国家二级文物1件，国家三级文物38件（见表5-4）。

表 5-4　　　　　　　那坡县博物馆藏的部分红色文物清单

序号	名称	年代	质地	数量	文物级别
1	1947年中共镇边县委书记邱柳松用过的党章	1947年	纸	1	三级
2	1940年邓心洋任平孟特支书记时用过的怀表	1947年	玻璃	1	三级
3	1947年靖镇边区游击队员隆建南用过的手枪	1947年	铁	1	三级
4	1947年靖镇边区游击队用过的四棱铁鞘刺刀	1947年	铁、铜	1	三级
5	1947年靖镇边区游击队用过的S格护手砍刀	1947年	铁、铜	1	三级
6	1947年靖镇边区游击队用过的铜柄刺刀	1947年	铁、铜	1	三级
7	1947年靖镇边区游击队用过的护手铁柄刺刀	1947年	铁	1	三级
8	1947年靖镇边区游击战争时期用过的手枪	1947年	铁	4	三级
9	1947年靖镇边区游击队用过的双管枪	1947年	木、铁	1	三级
10	1947年靖镇边区敌后武工队用过的左轮手枪	1947年	铁	2	三级
11	1947年靖镇边区敌后武工队自制的断腰枪	1947年	铁	1	三级
12	1947年靖镇边区敌后武工队自制的手枪	1947年	木、铁	1	三级
13	1947年靖镇边区游击队员钟耀飘用过的驳壳枪	1947年	铁	1	三级
14	1947年靖镇边区游击队用过的步枪	1947年	木、铁	2	三级
15	1947年平孟起义时用过的菱形旗头	1947年	铁	1	三级
16	1947年平孟起义时用过的弓形三叉枪	1947年	铁	1	三级
17	1947年平孟起义时用过的环手长柄砍刀	1947年	铁	1	三级
18	1947年在百合战斗缴敌人的中式步枪	1947年	木、铁	1	三级
19	1979年自卫还击时缴获越南特工的望远镜	1979年	其他	1	三级
20	1979年我军在平孟发射的加农炮弹壳	1979年	铁	1	三级
21	1979年自卫还击战时越军打到平孟街的小铜炮弹头	1979年	铁	1	三级
22	1979年自卫还击战时缴获越南特工的带皮套匕首	1979年	木、铁	1	三级
23	1979年自卫还击战时缴获越南特工的拉手猎枪	1979年	铁	1	三级
24	1979年自卫还击战时缴获越南特工的铁托冲锋枪	1979年	铁	1	三级
25	1979年自卫还击战时缴获越军的木托冲锋枪	1979年	铁	1	三级
26	1979年自卫还击战时缴获越南特工的匕首	1979年	铁	1	三级

（二）红色遗迹资源

1. 桂滇边纵队司令部旧址，位于那坡县平孟镇北斗村，旧址原为一座木瓦结构房，三开间，坐南向北，面积约150平方米，1984年原址已拆除，改建为二层砖楼房。1947年9月粤桂边委和粤桂纵队奉中共华南分局指示，转战滇桂，并于11月在中越边境召开干部会议，改称桂滇边委和边纵队，由周楠任书记兼政委，庄田任司令员。11月17日，桂滇边委机关及边纵主力全部进入靖镇区开展武装斗争。边委机关及边纵司令部就设在今那坡县北斗村。边纵队先后取得了果梨、百合、弄蓬、清华、南坡、弄民等重大战斗胜利，解放了靖西、那坡两个县的15个乡镇，毙伤俘敌800余人，建立了边区第一个比较巩固和完整的游击根据地。

2. 桂滇边纵队兵工厂旧址，位于那坡县平孟镇念井村弄桑屯西南约500米处，坐南向北的洞穴内，占地面积约200平方米，洞宽约8米、进深约10米（见图5-20）。1947年桂滇边纵队党委决定在弄桑洞建立兵工厂，指派一连指导员朱日成同志当厂长，1947—1948年，弄桑洞兵工厂共修配各种武器2000余件，为桂滇黔边区解放作出了卓越贡献。

图5-20　桂滇边纵队兵工厂旧址

3. 平孟起义遗址，位于那坡县平孟镇天池屯。平孟起义是在左江工委领导下，靖镇区党组织经过充分的思想、组织、军事准备情况下进行的。平孟乡农会干部农建文、苏忠良、林伟隆等获悉国民党平孟乡乡长唐彦要去靖西向国民党第六专区报告地下党活动情况，准备拉兵来"清剿"。农建文、苏忠良、林伟隆等人决定提前打击敌人的嚣张气焰，调集盆河、弄侬、弄念等村屯农会武装20多人，于1947年9月7日，趁唐彦返回平孟之机，在平孟天池坳口伏击。当天下午唐彦带20多名乡警及对汛兵到达天池坳时，农会武装立即开枪射击，战斗一直到夜里，后敌人趁夜脱逃。第二天，唐彦率乡警和对汛兵逃遁。第四天农会武装进入平孟街，平孟街第一次解放。平孟起义点燃了靖镇区武装斗争的火炬。

4. 果梨战场遗址，位于那坡县平孟镇果梨村。1947年9月底，国民党第六区专员兼保安司令谢宗铿命令保安团及靖西、镇边两县县警及民团600余人向平孟发动第二次进攻。敌人分兵3股，一股由黄师禹率140余人进占果梨，居高临下，伺机向平孟进行扫荡。当时，留在越南高平整训的广东南路部队老一团一个连，由梁家、唐森、郭芳3人率领，回国参加战斗，阻截保安团及靖西、镇边两县县警和民团的进攻。南路部队于11月4日进入弄念与靖镇部队会合。11月7日拂晓，部队袭击了驻果梨的自卫队，经半小时战斗，打死自卫队20余人，打伤10余人，俘虏50余人，缴获步枪10余支，火药枪80余支，驳壳枪3支。此次战斗，粉碎了敌人的第二次进攻，把国民党军队的威风打了下去，为桂滇边纵队主力进入靖镇区打开了大门。

5. 百合战场遗址，位于那坡县百合乡百合村。1947年11月，为扩大游击区，桂滇边纵主力400余人和靖镇游击大队200余人配合作战，决定先打百合之敌，由团长黄景文、政委唐才猷和副团长林杰负责指挥，靖镇部队一个连配合。11月19日夜间行军，占领了百合3面高地包围敌军。20日拂晓，发起攻击，经过两个多小时战斗，打死保三团及民团50多人，俘虏120余人，缴获轻机枪3挺，长短枪150多支，弹药4000余发，军毡78张。

6. 中共镇边县委旧址，位于那坡县百南乡上隆村。1947年9月，滇桂边工委从主力部队抽调游击队员在上隆村一带开展游击活动，并创建了镇边县游击革命根据地，1949年5月，右江上游区工委在上隆村一处名为"果地岩"的山洞内正式宣布中共镇边县委成立。成立后的中共镇边县委一直以上隆村为中心开展工作，直到1949年底解放后不久，县委才迁往县城。镇边县县名起用于1886年，1953年更名为睦边县，1965年改为现名那坡县。上隆村现利用村部大楼，在第三层设中共镇边县委旧址陈列室，通过图片、实物、文字等展示了这段革命历史（见图 5-21）。

图 5-21 中共镇边县委旧址陈列室

7. 邓心洋墓，位于那坡县平孟镇平孟街烈士陵园内。邓心洋（1917—1949 年），原名林宗峦，广西博白县东平镇合江村人。1941 年加入中国共产党，先后担任中共博白县城厢支部书记、博白县第一支抗日武装工作队队长、党支部书记。1944 年夏，受中共广西自治区工委安排主持靖镇区工作。1946 年至 1949 年，历任中共桂越边临时工委委员兼平孟特支书记、靖镇区特支书记、左江工委委员兼组织部长、靖镇区工委书记、靖镇区武装基干大队政委、靖镇区人民政府主任委员、右江上游区工委副书记等职。1949 年 12 月 31 日，因病不幸在平孟逝世，年仅 32 岁。

8. 丘柳松墓，位于那坡县城人民公园感驮岩北侧，1951 年安葬，1988 年重修。墓呈拱形长体，墓前刻凿丘柳松生平，墓前立纪念碑，碑呈立体四面三角形，碑顶塑有 1 颗五角星，碑刻"丘柳松烈士之墓"七个大字，碑基为四方形，墓地有 20 平方米，四周松柏翠绿，肃穆庄重（见图 5-22）。丘柳松系广西陆川县南平区湾响屯人，1943 年参加桂东南陆廉游击队，历任滇桂黔边靖工委委员、第二区委书记、镇边（今那坡县）第一区组织委员、天保（今德保县）县委书记、镇边县委书记，于 1951 年 7 月不幸逝世，终年 29 岁。

9. 念井对外广播站旧址，位于那坡县平孟镇念井村。1978 年 8 月建站，站房在念井村念井屯以东的通天岭国境线上，安置固定喇叭面向越方，同年

图 5-22　丘柳松墓

9月1日开播。1980年建钢筋水泥结构机房和职工宿舍用房，1981年竣工。1984年后增设1个200瓦喇叭点。

10. 旧村哨所，位于那坡县平孟镇东南侧，创建于1978年10月，初建时属于临时哨所，1979年3月改为国防民兵哨所，2001年重修。主要担负116号至118号界碑间18公里的战备值勤、边境巡逻、观察警戒、设伏守卡和防御任务。建哨至今，先后有两人荣立二等功，14人荣立三等功。1984—1988年和1992年被百色军分区、县人民武装部评为先进哨所。1987年被广西壮族自治区人民政府授予"全面建设模范哨所"荣誉称号。

（三）红色设施资源

1. 那坡烈士陵园，是国家级烈士纪念设施，位于那坡县城北面的螃蟹山上，始建于1979年，是为安葬对越自卫反击战牺牲的烈士而建。陵园由烈士墓区、纪念碑、纪念广场、雕像、碑林、陈列馆等组成，总占地面积10.47万平方米（见图5-23）。纪念碑高17.5米，正面书"革命烈士永垂不朽"，背面书"革命烈士纪念碑"，碑座正面镶嵌浮雕，背面刻碑文，两侧书"自卫还击　保卫祖国""为国捐躯　浩气长存"字样；纪念碑后面是520平方米的革命烈士陈列馆，馆内设革命英雄事迹展。烈士墓分两个区，安葬对越自卫还击作战和对越防御作战期间牺牲的革命烈士952名，其中主要是参战官兵和支前民兵，墓区正中和走道有两座4米高的英雄塑像。

图 5-23 那坡烈士陵园

2. 平孟烈士陵园，位于那坡县平孟镇西面的一蓬山上，始建于1997年8月，是为纪念在抗日战争、解放战争中英勇牺牲的革命先烈而建。陵园由烈士墓和英雄雕像组成，总占地面积24.6亩。步入陵园，是一条宽3米的282级台阶。烈士墓，墓体上为半圆形，下为长方形，并用大理石镌刻"烈士公墓"四个大字，共有42名烈士安葬在这里。烈士墓前，立有一座高5米的灰白花岗石英雄雕像，雕像正面下方用大理石镌刻"革命烈士永垂不朽"八个大字，背面为碑文，左侧为"邓心洋烈士生平"，右侧为牺牲的"烈士名录"。

3. 广西边境建设大会战纪念楼，位于那坡县百都乡弄陇村，建于2002年，为一座两层建筑，第一层立有一块纪念碑，其上刻"边境大会战"的历程和取得的辉煌成就；第二层是瞭望楼，提供人们休闲观光。2000年8月，自治区党委、政府根据中央西部大开发战略的伟大部署，做出了开展边境建设大会战的重大决策。经过两年左右的艰苦奋斗，广西边境发生了翻天覆地的变化，被百万广西边民誉为"德政工程""民心工程"，产生了令人瞩目的良好效益。

4. 那坡县博物馆，位于那坡县城人民公园感驮岩南侧，1980年组建，2015年冠名为广西边疆民族博物馆。博物馆占地面积2215平方米，总建筑面积6519平方米，主要展示那坡以及广西沿边民族的历史文化、地理风貌、人文风情、民风民俗。其中"那坡·那年·那事"展区，设置"边城风雷"单元,以实物、图片、文字,辅以场景、视频等形式,介绍了那坡的革命文化(见图 5-24)。

图 5-24　那坡县博物馆的红色文化展区

(四) 红色精神资源

红色精神资源主要集中在革命烈士事迹与革命故事上,主要代表人物有黄保成(壮族,1903—1934 年)、邓心洋(1917—1949 年)、李才英(壮族,1928—1949 年)、丘柳松(1922—1951 年)、李德飞(壮族,1955—1979 年)等。

(五) 红色文艺资源

红色文艺资源主要是革命史料和革命回忆录等,如《靖镇烽火》(中共那坡县委党史办,2000 年)、《中共那坡县党史大事记:1929—1998 年》(中共那坡县委党史办公室,2002 年)等。当地还收集有一些民主革命时期的历史资料,其中文献资料 24 份约 7 万字,革命回忆录 529 份约 256 万字。

第六章

广西边境地区红色文化资源保护与传承情况

第一节 东兴、防城红色文化资源保护与传承情况

一、东兴市红色文化资源保护与传承情况

东兴市的物质类红色文化资源现有6处，包括2处红色遗迹资源、4处红色设施资源，它们分属不同的机构管理，目前的保护状况也不尽相同（见表6-1）。中越人民革命烈士纪念碑、东兴支部成立纪念碑、陈汉东等烈士墓园3处红色资源位于中越人民友谊公园内，中越人民友谊公园是东兴市一处重要的旅游景点，是东兴国内景区（为4A级景区）的一部分，对外开放、环境优美，有专人管理，资源本体保护较好，无破损，与之相关的史实介绍较清楚，并有进行革命教育的设施，总体情况较好（见图6-1）。松柏烈士纪念碑，位于松柏中学内，学校环境良好，纪念碑由学校管理，本体保护完好，碑旁设有爱国

亭，有革命教育设施，并附简单的史实介绍，总体情况为好。马路革命烈士纪念碑，设有保护范围，但碑园被四周的房屋遮挡，不易发现，处于无人看管的状态，纪念碑、烈士墓保护情况一般，纪念碑字迹斑驳，碑园台阶和平台上有较多荒草及垃圾，总体情况为一般。竹山战役遗址，位于竹山村，无标志标识、保护范围，保存环境一般，无相关史实介绍和教育设施，总体情况较差。在非物质类红色文化资源的保护上，当地党史部门进行了挖掘、整理，并出版了部分成果，但从成果的体量、内容，以及呈现方式看，仍以革命史料汇编为主。

表6-1　东兴市物质类红色文化资源保护状况

物质类红色文化资源名称	标志标识		范围划定		保存环境			看护管理		本体保护			史实介绍		教育设施		总体评价
	有	无	有	无	好	中	差	有	无	好	中	差	多	少	有	无	
中越人民革命烈士纪念碑	√		√		√			√		√			√		√		好
东兴支部成立纪念碑	√		√		√			√		√			√		√		好
陈汉东等烈士墓园	√		√		√			√		√			√		√		好
松柏烈士纪念碑	√		√		√			√		√			√		√		好
马路革命烈士纪念碑	√		√			√			√		√			√	√		中
竹山战役遗址		√		√			√		√			√		√		√	差

图6-1　东兴中越人民友谊公园

东兴市红色文化资源的传承主要是依托红色设施来展开的。近年来，各级党政部门在主题教育活动、建党日、党日活动、清明节、烈士纪念日期间，先后组织广大党员干部传承红色文化,如瞻仰东兴支部成立纪念碑;参观钟竹筠生平简介,并在东兴支部成立纪念碑前重温入党誓词;前往中越人民革命烈士纪念碑举行公祭活动等。青少年教育方面,政府和学校也开展丰富多样的红色文化活动,如2018年共青团东兴市委员会组织开展的"清明祭英烈·共铸中华魂"主题活动,旨在缅怀革命先烈、弘扬革命传统,加强爱国主义教育,引导全体学生和团员青年树立正确的社会主义核心价值观。各级学校也行动起来,如东兴市第二中学开展"红色薪火 永传边城"暨《红色传奇》进校园系列活动;东兴市华侨学校开展以"追寻红色足迹 传承革命精神"为主题的研学实践活动;东兴市松柏中学利用革命烈士纪念碑,举行的祭扫烈士墓活动。总体来说,东兴市红色文化的传承以党政干部教育和学校教育为主,形式主要有参观、瞻仰、祭扫、宣誓、讲红色故事、唱红色歌曲等。

二、防城区红色文化资源保护与传承情况

防城区的物质类红色文化资源现有13处,其中红色遗迹资源8处、红色设施资源5处(见表6-2)。防城烈士陵园和防城城北烈士陵园,设有保护范围,有专人看管,保存环境较好,相关史实和烈士事迹介绍较详细,本体保护状况好,总体情况较好。大勉革命活动旧址,目前在大勉雁心希望小学内设有纪念碑和纪念亭,碑文字迹清晰,同时政府还出资在校内建有"大勉革命历史展览馆",通过图片、实物、文字详细介绍大勉的革命历史,总体情况较好。那良抗日武装起义纪念碑及纪念亭,位于那良中学内,有保护范围,由学校看管,环境优美,纪念碑及纪念亭保护较好,有相关的教育设施,但相关事件记录简单,总体情况为好。华石起义遗址,在发生地附近建有纪念广场,立纪念碑、纪念亭,有相关史实介绍,但本体保护状况一般,碑文字迹斑驳不清,总体情况一般。大箓革命烈士纪念碑、平旺革命烈士纪念碑有标志标识、保护范围,但无人看管,周边环境一般,大箓革命纪念碑本体保存完好,字迹清晰,但相关事件介绍简单,平旺革命烈士纪念碑本体多处破损,砖体脱落,相关事件介绍也简单,总体情况为一般。狗岭袭击战遗址、北基伏击战遗址、地委(支队)驻地旧址、横龙伏击战遗址、堂龙截击战遗址、那楼革命活动旧址都无保护范围,只在发生地附近立碑纪念,简要介绍事件经过,碑体都有

不同程度的损坏，保存环境一般或较差，总体情况较差。在非物质类红色文化资源的保护上，当地党史部门进行了挖掘、整理，出版了革命人物的传记和革命史料汇编等。

表6-2　　　　　　　　防城区物质类红色文化资源保护状况

物质类红色文化资源名称	标志标识		范围划定		保存环境			看护管理		本体保护			史实介绍		教育设施		总体评价
	有	无	有	无	好	中	差	有	无	好	中	差	多	少	有	无	
防城烈士陵园	√		√			√		√		√			√		√		好
防城城北烈士陵园	√		√			√		√		√			√		√		好
大勉革命活动旧址	√			√	√			√		√				√		√	好
那良抗日武装起义纪念碑及纪念亭	√			√		√		√		√				√	√		好
华石起义遗址	√			√		√			√		√			√		√	中
大菉革命烈士纪念碑	√		√			√			√		√			√		√	中
平旺革命烈士纪念碑	√		√			√			√		√			√		√	中
狗岭袭击战遗址	√			√		√	√		√			√		√		√	差
北基伏击战遗址	√			√		√			√			√		√		√	差
地委、支队驻地旧址	√			√		√			√		√			√		√	差
横龙伏击战遗址	√			√		√			√			√		√		√	差
堂龙截击战遗址	√			√		√			√		√			√		√	差
那楼革命活动旧址	√			√		√			√		√			√		√	差

防城区红色文化资源的传承是以革命遗址、烈士陵园、纪念碑为依托，组织广大党员干部开展红色教育，如在防城烈士陵园、防城城北烈士陵园、华石起义纪念碑、平旺革命烈士纪念碑、那良抗日武装起义纪念碑、堂龙截击战遗址等"红色坐标"，通过邀请熟悉当地革命历史的退休党员干部组成"红色宣讲团"开展现场教学，展现防城区波澜壮阔的革命画卷，引导广大党员干部继承敢于斗争、勇于拼搏的奋斗精神和革命精神。学校教育方面，如清明期间组织中小学生祭扫烈士陵园，向革命先烈敬献花圈，通过全体默哀、少先队员朗诵诗歌等环节，表达对先烈们的无限怀念之情。那良中学充分利用本校管理的红色资源，通过祭英烈、听革命故事、举办红色专题文艺晚会等，传承红色基因。总体来说，防城区红色文化的传承以党政干部教育和学

校教育为主，形式主要有参观、瞻仰、祭扫、宣誓、讲红色故事、唱红色歌曲等（见图6-2）。

图6-2 利用"红色坐标"开展党日活动

第二节 宁明、凭祥、龙州、大新红色文化资源保护与传承情况

一、宁明县红色文化资源保护与传承情况

宁明县的物质类红色文化资源总体数量不多，除红色文物资源由宁明县文物管理所保管外，红色遗迹资源和红色设施资源保护状况不一（见表6-3）。宁明烈士陵园，有标志标识、保护范围、专人管理，保存环境较好，资源本体保护也较好，相关史实介绍详细，并有陈列馆等教育设施，总体情况为好。那练革命活动旧址，无标志标识、保护范围，但村里依据革命史实建有相关的纪念设施、革命教育设施等，并保留有部分革命遗迹，总体情况一般。爱店起义纪念碑，有标志标识、保护范围，但无人管理、周边保存环境一般，碑本体有损坏，亟须修缮，总体情况为一般（见图6-3）。在非物质类红色文化资源的

保护上，当地党史部门进行了挖掘、整理，出版了革命故事集和革命史料汇编等。

表6-3　　　　　　　宁明县物质类红色文化资源保护状况

物质类红色文化资源名称	标志标识		范围划定		保存环境			看护管理		本体保护			史实介绍		教育设施		总体评价
	有	无	有	无	好	中	差	有	无	好	中	差	多	少	有	无	
宁明烈士陵园	√		√		√			√		√			√		√		好
那练革命活动旧址		√		√		√					√			√		√	中
爱店起义纪念碑	√			√		√		√			√			√		√	中

图6-3　爱店起义纪念碑保存环境

宁明县红色文化资源的传承以党政干部教育和学校教育为主。如利用宁明烈士陵园、爱店起义纪念馆开展瞻仰、祭扫、参观等活动；依托那练革命老区的红色遗迹资源和红色设施资源开展参观、宣誓、讲红色故事等活动。学校方面，如宁明实验学校组织《红色传奇》进校园，不断加强对教师队伍和青少年学生的思想政治教育和革命传统教育。另外，桐棉镇通过创建边关"红色小屋"特色爱国主义教育基地，以展现当地红色历史和现实典型，为边境群众创造在村屯、在家门口即可享受爱国爱家教育的条件，让参观者都能经历一次积极向上的爱国主义熏陶，增强爱国爱家情怀，共同参与传承红色基因。由于本县红色文化资源有限，当地的红色文化教育也常常利用邻近县市的资源来开展，如宁明县2020年举行的国防教育日红色研学活动、部分党政机关定期开展的党日活动等。

二、凭祥市红色文化资源保护与传承情况

凭祥市的物质类红色文化资源总体数量不多，仅有 2 处红色遗迹资料和 3 处红色设施资源（见表 6-4）。平而关战役遗址，在发生地附近立有革命烈士纪念碑，当地文物部门对纪念碑实施了保护，并有简略的史实介绍，但遗址和纪念碑的保护环境一般，也无专人看管，总体情况一般。另外 4 处红色文化资源，友谊关、南山烈士陵园、匠止烈士陵园、法卡山英雄纪念碑园，有标志标识、专人管理和保护范围，保存环境较好，本体保护状况也较好，除友谊关、法卡山英雄纪念碑园有详细的史实介绍和革命教育设施外，其余 2 处陵园尚未有陈列馆，相关史实介绍简略，但总体情况为好。在非物质类红色文化资源的保护上，当地党史部门进行了挖掘、整理，并出版了部分成果，但从成果的体量、内容，以及呈现方式看，仍以革命史料汇编为主。

表 6-4　　　　　凭祥市物质类红色文化资源保护状况

物质类红色文化资源名称	标志标识		范围划定		保存环境			看护管理		本体保护			史实介绍		教育设施		总体评价
	有	无	有	无	好	中	差	有	无	好	中	差	多	少	有	无	
友谊关	✓		✓		✓			✓		✓			✓		✓		好
法卡山英雄纪念碑园	✓		✓		✓			✓		✓			✓		✓		好
南山烈士陵园	✓		✓		✓			✓		✓				✓		✓	好
匠止烈士陵园	✓		✓		✓			✓		✓				✓		✓	好
平而关战役遗址	✓			✓		✓			✓		✓			✓		✓	中

凭祥市红色文化资源的传承以党政干部教育和学校教育为主，主要是在主题教育活动、党日活动、清明节、烈士纪念日期间，利用现有的 3 座烈士陵园，开展瞻仰、祭扫、参观、宣誓等活动。另外，当地还依托现有红色文化资源持续开展"友谊关升国旗仪式""凭祥孩子游凭祥"等特色教育项目。"友谊关升国旗仪式"，即在元旦、国庆、七一党建日，组织全市广大干部职工、驻凭单位、驻凭军警代表以及社会各界人士到友谊关参加升国旗仪式、上党课、重温入党誓词；"凭祥孩子游凭祥"，自 2008 年开始到 2019 年，已经连续

开展了12届，共有33500多名师生参加，学生们在行走中、观看中、聆听中学习思考，对学生们全面了解凭祥的红色文化，深刻理解"传承红色精神，争做新时代文明先锋"有重要意义（见图6-4）。由于本市红色文化资源有限，当地的红色文化教育也常常利用邻近县市的资源来开展。

图6-4 "凭祥孩子游凭祥"主题活动

三、龙州县红色文化资源保护与传承情况

龙州县的物质类红色文化资源，除红色文物资源由龙州起义纪念馆收藏，并得到妥善保管外，其他红色遗迹和设施资源的保护状况不一（见表6-5）。保护情况较好的有中国工农红军第八军军部旧址、左江革命委员会旧址、龙州起义纪念馆、红八军纪念广场、龙州烈士陵园，它们都有标志标识、保护范围，并有专人管理，资源的保存环境较好，本体的保护状况也较好，史实介绍很详细，相关的教育设施有设置。龙州铁桥狙击者遗址、龙州起义革命烈士纪念碑，设有标志标识，划定有保护范围，保存环境较好，本体保护状况也较好，但无人管理，史实介绍略简单，革命教育设施缺乏，总体情况为好。龙州（水陇—甫茶）红军路，设有标志标识，保护环境一般，本体保护状况也一般，但相关史实介绍详细，并有陈列室，红色文化的传承开展得较好，总体情况为好。龙州起义纪念碑，虽无人管理、史实介绍略简单，教育设施缺乏，但由于是新建的纪念设施，总体情况较好。龙州起义（红军）标语，设有标志

标识、保护范围，现移至红八军军部旧址处，得到了较好的管理与保护，总体情况为好。龙州水口中越烈士墓园、龙州起义庆祝大会旧址，有标志标识和保护范围，但无人管理，保护环境一般，本体保存状况也一般，史实介绍简单或缺失，总体情况为一般。越南"边界战役"陈赓指挥所旧址、大青山起义旧址，设有标志标识，保护范围，但无人管理，最为重要的是本体受到严重破坏，总体情况为差。在非物质类红色文化资源的保护上，当地党史部门进行了挖掘、整理，出版了革命故事集和革命史料汇编等。

表6-5　　　　龙州县物质类红色文化资源保护状况

物质类红色文化资源名称	标志标识		范围划定		保存环境			看护管理		本体保护			史实介绍		教育设施		总体评价
	有	无	有	无	好	中	差	有	无	好	中	差	多	少	有	无	
中国工农红军第八军军部旧址和左江革命委员会旧址	√		√		√			√		√			√		√		好
龙州起义纪念馆和红八军纪念广场	√		√		√			√		√			√		√		好
龙州烈士陵园	√		√		√			√		√			√		√		好
龙州铁桥阻击战遗址	√		√		√			√		√				√		√	好
龙州起义革命烈士纪念碑	√		√		√					√				√		√	好
龙州（水陇—甫茶）红军路	√			√	√			√		√				√		√	好
龙州起义纪念碑	√		√		√					√				√		√	好
龙州起义（红军）标语	√							√		√				√		√	好
龙州水口中越烈士墓园	√		√			√			√		√			√		√	中
龙州起义庆祝大会旧址	√			√		√			√		√			√		√	中
越南"边界战役"陈赓指挥所旧址	√		√				√		√			√		√		√	差
大青山起义旧址	√		√				√		√			√		√		√	差

由于龙州县红色文化资源相当丰富，因此红色文化的传承也形式多样，既有党政干部教育、学校教育，也有社会大众教育，形式上包括参观、瞻仰、祭扫、宣誓、讲红色故事、唱红色歌曲、重走红军路、开展红色研学等。龙州红色文化传承的特点是将红色资源与红色旅游、红色教育有效结合，如红八军军部旧址、龙州铁桥阻击战遗址、龙州起义纪念馆、红八军纪念广场等红色设施就整合为龙州起义纪念园景区，并成功创建为 4A 级景区，在红色文化的旅游、展示、教育、传播上发挥了重要作用（见图 6-5）。比较典型的案例是龙州起义纪念馆、水陇—甫茶红军路开展的传承活动。龙州起义纪念馆已成为社会大众了解红色文化的重要窗口，龙州红色旅游的重要景点，该馆还成为"自治区级中小学生研学实践教育基地"，针对青少年开展了"赤色龙州"红色研学培训和"红领巾讲解员"培训，以加强学生对红色文化的学习和理解，推动龙州县红色文化教育的普及；水陇—甫茶红军路，通过充分挖掘、整理相关红色资源，积极发动当地村民参与，现已开展"重走红军路""重温入党誓词"现场教学活动，并成为区内外企事业单位进行革命教育、爱国主义教育的重要场所，也是龙州县进行党员党性教育的重要场所。

图 6-5 分散资源整合为景区，并形成统一标识

四、大新县红色文化资源保护与传承情况

大新县的物质类红色文化资源，除红色文物资源由大新县博物馆保管外，红色遗迹资源和红色设施资源保护状况不一（见表 6-6）。堪圩革命烈

士陵园、西门岛革命烈士纪念碑，有标志标识、保护范围，保存环境较好，本体保存状况也较好，前者无人看管，后者因处于公园内，有人看护，相关史实介绍简略，也无教育设施，但总体情况较好。碧云洞革命活动旧址，位于半山腰上，有标志标识、保护范围和史实介绍，但无人看管，保护环境一般，该洞为当地群众祈福拜神的地方，因此遗址本体的保护受到一定影响，总体情况一般。八万桥战斗遗址，有标志标识、保护范围，遗址本体被水泥路面所覆盖，成为公路的一部分，保护环境较差，但有简要的史实介绍，总体情况为差。雷平县民主政府旧址，无保护范围、标志标识，保护环境一般，本体保护状况堪忧，现为危房，也无史实介绍和专人管理，总体情况较差。在非物质类红色文化资源的保护上，当地党史部门进行了挖掘、整理，并出版了部分成果，但从成果的体量、内容，以及呈现方式看，仍以革命史料汇编为主。

表 6-6　　　　　　　大新县物质类红色文化资源保护状况

物质类红色文化资源名称	标志标识		范围划定		保存环境			看护管理		本体保护			史实介绍		教育设施		总体评价
	有	无	有	无	好	中	差	有	无	好	中	差	多	少	有	无	
堪圩革命烈士陵园	√		√		√				√	√				√		√	好
西门岛革命烈士纪念碑	√		√		√			√		√				√		√	好
碧云洞革命活动旧址	√		√			√			√		√		√			√	中
八万桥战斗遗址	√		√				√		√			√		√		√	差
雷平县民主政府旧址		√		√		√			√			√		√		√	差

大新县红色文化资源的传承主要是依托红色设施来展开的。近年来，当地利用红色设施开展党政干部、中小学生的红色教育，比如参观大新县博物馆的"革命传统教育展"、到西门岛革命烈士纪念碑公祭革命烈士、在堪圩革命烈士陵园开展致敬革命英烈活动、到宝圩乡碧云洞向革命英烈致敬。各乡（镇）初中学校因地制宜，借助本地红色遗迹、革命烈士、英雄人物等开展革命传统教育活动，宣讲我县革命先烈、党史、剿匪、禁烟、土改等革命精神。当地还通过自办、联办等创新教育形式，开展"传承红色基因，争做时代新人"主

题教育英模事迹报告会、"扣好人生第一粒扣子"——传承红色基因主题活动、2020 年《红色传奇》进校园系列活动等活动，让红色教育进机关、进学校、进村（社区），拓宽红色教育深度。

第三节 靖西、那坡红色文化资源保护与传承情况

一、靖西市红色文化资源保护与传承情况

靖西市的物质类红色文化资源，除红色文物资源由靖西市博物馆收藏，并得到了妥善保管外，红色遗迹资源与红色设施资源的保护情况也不尽相同（见表 6-7）。靖西烈士陵园，有保护范围、标志标识，园内环境干净整洁，有专人看管，本体保存完好，相关史实介绍详细，有陈列馆和相关教育设施，总体情况较好。吕剑烈士墓与革命烈士纪念塔在一起，有标志标识和保护范围，保护环境较好，有专人看护，本体保存较好，但相关史实介绍较少，无教育设施，总体情况为好。湖润大榕树战前动员会旧址，有标志标识，无保护范围，有简单的史实介绍，本体保存一般，总体情况一般（见图 6-6）。安德英雄纪念碑，有保护范围、标志标识，保存环境一般，台阶上苔藓较多，四周长满杂草，无专人看护，本体保存状况好，但相关史实介绍简单，总体情况一般。红八军围攻靖西城遗址、弄浪岩战斗遗址、农民协会干部培训班旧址、龙湖县民主政府旧址，无标志标识、保护范围、专人管理，保存环境一般或较差，本体保护一般或较差，也无相关史实介绍，总体保护较差。个宝水利工程友谊纪念碑，有标志标识，无保护范围，保存环境一般，本体保护差，碑有一定程度的破损，史实介绍较清楚，总体情况为差。龙邦坡嘎拉山抗美援越工事遗址、湖润庭毫山自卫反击战遗址、巴恩山自卫反击战遗址，为军事管理区，由部队管理，总体保护情况不详。在非物质类红色文化资源的保护上，当地党史部门进行了挖掘、整理，出版了革命回忆录、革命史料汇编和报告文学等。

表6-7　　　　　　　靖西市物质类红色文化资源保护状况

物质类红色文化资源名称	标志标识		范围划定		保存环境			看护管理		本体保护			史实介绍		教育设施		总体评价
	有	无	有	无	好	中	差	有	无	好	中	差	多	少	有	无	
靖西烈士陵园	√		√		√			√		√				√	√		好
吕剑烈士墓	√		√		√			√		√				√		√	好
革命烈士纪念塔	√		√		√			√		√				√		√	好
湖润大榕树战前动员会旧址	√			√		√			√		√			√		√	中
安德英雄纪念碑	√		√			√			√	√				√		√	中
红八军围攻靖西城遗址		√		√			√		√			√		√		√	差
弄浪岩战斗遗址		√		√			√		√			√		√		√	差
农民协会干部培训班旧址		√		√			√		√			√		√		√	差
龙湖县民主政府旧址		√		√			√		√			√		√		√	差
个宝水利工程友谊纪念碑	√			√			√	√			√	√		√		√	差

图6-6　安德英雄纪念碑的保存环境

靖西市红色文化资源的传承以党政干部教育和学校教育为主。主要表现在：一是在主题教育活动、党日活动、清明节、烈士纪念日期间，党政部门组织党员干部和中小学生到革命烈士纪念塔、湖润大榕树战前动员会旧址、靖西烈士陵园等红色设施，开展红色教育，包括瞻仰、参观、祭扫、宣誓等；二是引导各中小学积极开展以红色内容为主题的教育活动，如演讲比赛、校园艺术展演、研学实践，"红色歌曲"传唱、《红色传奇》进校园等。

二、那坡县红色文化资源保护与传承情况

那坡县的物质类红色文化资源,除红色文物资源由那坡县博物馆收藏,并得到妥善保管外,红色遗迹资源与红色设施资源的保护情况也不尽相同(见表 6-8)。那坡烈士陵园、邱柳松墓在那坡县镇安公园内,该公园为 4A 级景区,有专人管理,对外开放,环境优美,本体保护较好,也有相关的史实介绍,并有配套的教育设施,总体情况较好。中共镇边县委旧址,位于百南乡上隆村,该村是那坡县进行红色教育的重要基地,县委旧址为一山洞,整体保护较好,与之相关的古榕树、道路、战壕还有保存,目前该村建有陈列室,详细介绍这段历史,并有配套的教育设施,总体情况较好。旧村哨所,为军事管理区,由部队管理,总体保护情况不详。平孟革命烈士陵园与邓心洋墓都在平孟烈士山上,设有标志标识,有保护范围,但无人管理,保存环境一般,本体保护情况一般,其史实介绍略简单,总体情况一般。广西边境建设大会战纪念楼,有保护范围、标志标识,位于公路旁、无专人看护,建筑本体保存状况较差,总体情况一般。边纵队司令部旧址、桂滇边纵队兵工厂旧址、平孟起义遗址、果梨战场遗址、百合战场遗址、念井对外广播站旧址,本体保护情况一般或较差,无专人管理、标志标识和保护范围,也无史实介绍,环境保护状况一般,总体情况较差。在非物质类红色文化资源的保护上,当地党史部门进行了挖掘、整理,出版了革命回忆录和革命史料汇编等。

表 6-8　那坡县物质类红色文化资源保护状况

物质类红色文化资源名称	标志标识		范围划定		保存环境			看护管理		本体保护			史实介绍		教育设施		总体评价
	有	无	有	无	好	中	差	有	无	好	中	差	多	少	有	无	
那坡烈士陵园	√		√		√			√		√			√		√		好
邱柳松墓	√		√		√			√		√			√		√		好
中共镇边县委旧址	√		√		√			√		√			√		√		好
平孟革命烈士陵园	√			√		√			√		√			√		√	中
邓心洋墓	√			√		√			√		√			√		√	中
广西边境建设大会战纪念楼	√		√			√			√			√		√		√	中
边纵队司令部旧址		√		√			√		√			√		√		√	差

续表

物质类红色文化资源名称	标志标识		范围划定		保存环境			看护管理		本体保护			史实介绍		教育设施		总体评价
	有	无	有	无	好	中	差	有	无	好	中	差	多	少	有	无	
桂滇边纵队兵工厂旧址		√		√			√		√			√		√		√	差
平孟起义遗址		√		√			√		√			√		√		√	差
果梨战场遗址		√		√			√		√			√		√		√	差
百合战场遗址		√		√			√		√			√		√		√	差
念井对外广播站旧址		√		√			√	√				√		√		√	差

那坡县红色文化资源的传承主要是依托红色设施来展开的。近年来，各级党政部门在主题教育活动、建党日、党日活动、清明节、烈士纪念日期间，先后组织广大党员干部传承红色文化，如参观、祭扫那坡烈士陵园，重温入党誓词，学习和弘扬革命先烈的红色精神。学校也开展丰富多样的红色文化活动，如向烈士献花圈、祭扫烈士墓，开展《红色传奇》进校园活动等，并以此为契机开展"缅怀革命烈士，追寻红色足迹"主题研学实践，据统计2020年共有25所中小学校，6800多名师生代表参加了本次活动。当地红色文化资源传承的典型案例是将上隆村打造为红色教育基地和红色旅游景点，该村拥有中共镇边县委旧址及其附属的红色遗迹和设施，吸引了党员干部到这里开展"五个一"现场教学，即唱一首革命歌曲、听一个革命故事、走一段革命路、吃一顿革命饭、看一部红色电影（见图6-7）。

图6-7 那坡县在上隆村开展的"五个一"现场教学活动

第四节　广西边境地区红色文化资源保护与传承模式

通过对广西边境地区 8 个县（市、区）红色文化资源保护与传承情况的调查，可将上述地区红色文化资源保护与传承模式总结如下。

一、"收藏+展示+传播"的模式

该保护与传承模式主要是针对红色文物资源，以及其他可移动的红色实物资源。据统计，目前有 5 个县（市、区）收藏有红色文物，共计 360 多件，时间从革命时期到社会主义建设时期，并以三个时间点为最多，即 20 世纪 30 年代初期（与红八军有关）、20 世纪 40 年代末（与滇桂黔边纵队有关）和 20 世纪 70 年代末（与自卫还击战有关）。这些红色文物资源是见证红色文化的重要物质载体，它们在博物馆里都得到了妥善的保管和数字化保护，文物信息记录清楚、文物保存条件安全，其中 52% 的红色文物被认定为国家三级以上珍贵文物。有 3 家博物馆（龙州起义纪念馆、那坡县博物馆、靖西市博物馆）利用馆藏的这批红色文物资源举办了固定或专题展览。另有 5 家烈士陵园陈列馆（防城城北烈士陵园陈列馆、宁明烈士陵园陈列馆、凭祥法卡山英雄纪念碑园陈列馆、龙州烈士陵园陈列馆、那坡烈士陵园陈列馆）收藏有少量红色实物，多为革命先烈的遗物或武器，并推出了相关的纪实展。该模式在保护红色文物资源的同时，有力地推动了当地红色文化的展示与传播，成为党政干部、学校师生、社会大众以及外地游客了解当地红色文化、接受红色教育的重要窗口。

二、"分级+命名+保护"的模式

该保护与传承模式主要是针对不可移动的红色遗迹资源和红色设施资源。在文物系统内，国家文物局依据《中华人民共和国文物保护法》将不可移动的文物分别确定为全国重点文物保护单位、省级文物保护单位、市县级文物保护单位；在民政系统内，民政部（现该职能已转移到退役军人事务部）依据《烈士纪念设施保护管理办法》将烈士纪念设施分为国家级烈士纪念设施、省级烈士纪念设施、设区的市级烈士纪念设施和县级烈士纪念设施。目前，8个边境县（市、区）有2处全国重点文物保护单位、9处国家级烈士纪念设施、23处市县级文物保护单位和3处省级烈士纪念设施。命名保护和分级管理是国家依据红色遗迹的历史价值、设施的纪念意义和建设规模等综合考虑的结果。通过这种方式，各类不可以移动的红色资源得到了法律法规层面上的保护，并且管理的责任主体也十分明晰，而且资源本体的保护、修缮也有了一定的资金保障。

三、"游览+体验+教学"的模式

该保护与传承模式主要是依托各类红色遗迹资源和红色设施资源来展开的。目前，东兴、龙州、凭祥、那坡4个县（市）建有若干与红色文化相关的景区、景点或教学点。东兴是将3处红色设施资源纳入东兴国门景区内（4A级），使之成为景区的一部分。龙州县一方面将5处红色遗迹和设施（含1处法国驻龙州领事馆旧址）整合为龙州起义纪念园，并成功创建为4A级红色文化专题景区；另一方面还在龙州（水陇—莫茶）红军路建有1处红色景点（教学点），开展"重走红军路"主题活动。凭祥以友谊关（4A级景区）为载体，通过展览、展示、参与等形式开展红色文化的体验和教学。那坡县一方面将3处红色遗迹和设施纳入镇安公园景区内（4A级），使之成为景区的一部分；另一方面在中共镇边县委旧址所在地——上隆村建红色景点（教学点）开展"五个一"现场教学。该模式通过游客的参观走访，宣传和展示了当地的红色文化；通过党政干部的体验教学，感悟和传承了红色文化；通过当地村民的参与，加强了对本地红色文化的保护与情感上的认同。

四、"瞻仰+祭扫+教育"的模式

该保护与传承模式主要是针对红色设施资源，尤其是革命烈士纪念碑园和陵园。据不完全统计，8个边境县（市、区）及其所辖的乡镇拥有近40处烈士纪念设施，各级政府部门积极利用本地的红色设施资源，组织党员干部、老师学生在特定的时间场合，如党日、清明节、烈士纪念日，开展瞻仰、祭扫活动，活动内容包括敬献花圈、清扫陵园、重温入党誓词、听革命故事、唱革命歌曲等。这种模式对青少年有重要的教育意义，能够引导青少年铭记革命历史、崇尚革命英雄，激发他们爱党爱国的热情。其中，东兴松柏中学、防城那良中学、防城大勉雁心希望小学，依托校园内的红色设施资源，将红色文化与校园文化结合，确保红色文化进校园、进课堂，尤其是后两所学校，校园内红色氛围浓郁，学校红色文化打造得有声有色，这对加强和改进学生思想政治和道德品行教育有十分重要的借鉴意义。

五、"挖掘+整理+汇编"的模式

该保护与传承模式主要是针对非物质类的红色文化资源，重点是红色精神资源和红色文艺资源。8个边境县（市、区）的党史部门长期开展本地红色文化资源的采集、挖掘和整理工作，出版了一系列成果，包括革命史料汇编、革命人物传记和革命故事集等，如东兴编撰的《中国共产党历史》（第一卷、第二卷），防城编撰的《防城英烈传》，宁明编撰的《新民主主义革命时期文献资料选编》，凭祥编撰的《凭祥党史资料：新民主主义革命时期》，龙州编撰的《龙州革命斗争回忆资料选编》，大新编撰的《大新党史资料丛书》（第一辑至第三辑），靖西编撰的《黎明前的靖敬边风云》，那坡编撰的《靖镇烽火》等。据不完全统计，相关红色书籍达30多种（部），此外部分县（市、区）党史部门还收集有不少的原始档案、文献资料等。该工作模式厘清了当地的革命历史、重要革命事件、重要革命人物，以及与之相关的故事、事迹等，进一步丰富和完善了本地的红色文化资源，尤其是非物质类的红色精神资源。

第七章

红色文化助力铸牢中华民族共同体意识的实证检验

第一节 边境地区红色文化资源保护与传承面临的问题及原因

一、红色文化资源的整体认识不足

这里主要是从政府层面看,其表现为:首先是对红色文化资源的重视程度不够,8个边境县(市、区)尚未出台专门针对红色文化资源保护与传承的办法与文件,主要还是依据《中华人民共和国文物保护法》《烈士纪念设施保护管理办法》《军人抚恤优待条例》《烈士褒扬条例》来开展相关工作,缺乏政策层面的引导;其次是对红色文化资源的经费投入不足,如在红色遗迹的保护上,绝大多数县(市、区)没有投入任何资金,全靠国家和自治区下拨,在红色精神资源的整理上,最近几年也未有相关成果;再次是对红色文化资源的利用力度有限，如旅游方面，真正进行开发的并不多，有的红色遗迹列入了规划，但至今也未如期建成，又如教育方面，利用本地红色资源开展学校教育的案例也不多，这也恰恰说明当地对本地红色文化的挖掘还不够；最后是对红色文化资源的宣传意识淡薄，除龙州外，其余边境县（市、区）对本地的红色文化资源缺乏有效的宣传，相关的报道还是以党政干部、师生的参观、瞻仰、祭扫等新闻为主。

二、红色文化资源的丰富度不够

从文化遗产学的角度看，可将红色文化资源分为六大类。但从 8 个边境县（市、区）红色文化资源拥有的类型和数量看，总体上仍不够丰富（见表 7-1），具体表现为：一是资源的类型不全，绝大多数地区缺少红色衍生资源，仅半数地区有红色文物资源；二是各类资源数量总体偏少，如大新县仅有 1 件红色文物，宁明县只有 3 处红色遗迹和设施。为了更形象地说明这一问题，我们以可量化的不可以移动遗迹和设施为例，按每 100 平方千米的占有量进行估算（见表 7-2），可知宁明、大新都属红色资源极少的地区；三是各地资源在年代上的分布过于集中，如龙州县集中在土地革命时期，防城区侧重在解放战争时期，并且各地在社会主义建设和改革开放时期的红色文化资源较为匮乏。此外，由烈士陵园陈列馆收集和展出的红色实物更是寥寥无几。另外，非物质类的红色资源，多以革命史料汇编、革命人物传记录和革命故事集为载体呈现，而革命歌曲、革命回忆录，以及再创作的红色文艺资源等严重不足。显然，8 个边境县（市、区）红色文化资源的丰富度不够。

表 7-1　　　　　各县（市、区）红色文化资源的保有量

地点	红色文物资源（数量）	红色遗迹资源（数量）	红色设施资源（数量）	红色精神资源	红色文艺资源	红色衍生资源
东兴市	—	2	4	√	√	
防城区	—	8	5	√	√	
宁明县	30 +	1	2	√	√	
凭祥市	—	2	3	√	√	
龙州县	230 +	7	5	√	√	√

续表

地点	红色文物资源（数量）	红色遗迹资源（数量）	红色设施资源（数量）	红色精神资源	红色文艺资源	红色衍生资源
大新县	1	3	3	√	√	—
靖西市	40+	9	5	√	√	—
那坡县	60+	10	4	√	√	—

表7-2　　各县（市、区）红色遗迹和红色设施资源的占有量

排序	地点	红色遗迹和设施资源的总数量	幅面面积（平方千米）	每100平方千米的占有量（个）
1	东兴市	6	590	1.02
2	凭祥市	5	650	0.77
3	那坡县	14	2231	0.63
4	防城区	13	2427	0.54
5	龙州县	12	2311	0.52
6	靖西市	14	3322	0.42
7	大新县	6	2742	0.22
8	宁明县	3	3705	0.08

三、红色文化资源的保护状况不一

从8个边境县（市、区）现有的红色文化资源看，其保护状况也不尽相同，通过我们的田野调查和实地评估，在66处红色遗迹和设施资源中，保护较好的有29处，占资源总数的44%；保护一般的有15处，占资源总数的23%；保护较差的有22处，占资源总数的33%，一半以上的红色资源都属于保护情况一般及以下的。

保护状况好的红色文化资源，主要有两个方面的原因：一是与资源本体的分级管理有关，2处全国重点文物保护单位、9处国家级烈士纪念设施因保护级别高，有专人管理、有资金维修、有保护范围，所以整体评价均为好；二是与资源的开发利用有关，12处红色遗迹和设施资源，有的成为景区的一部分，有的成为景点和教学点，有专人看护、有发展资金、有教育设施，因而整体评价也为好。而保护情况一般或较差的红色文化资源，多为市县级文物保护单位

或市县级烈士纪念设施，它们大多处于无人看管的状态，周边环境一般或较差，而且本级政府也缺少必要的经费对其进行定期检查、修缮，故其保护状况不够理想。

四、红色文化资源的传承形式单一

红色文化资源的传承，其外在表现包括红色文化的呈现形式、红色文化的教育方式和红色文化的受众群体。目前，8个边境县（市、区）红色文化资源的呈现形式，主要是书籍和展览，书籍多为革命史料汇编、革命人物传记录和革命故事集，缺乏可读性；而展览，除龙州起义纪念馆外，其他场馆的展示内容又过于简单、展示形式过于呆板，文物和实物少、图片文字多、现代技术应用少、互动参与感不强。红色文化的教育方式，还是通过参观、瞻仰、祭扫、听红色故事、唱红色歌曲等传统形式传播红色文化，其主要问题是程序化的流程以及说教式的宣传，感染力较缺乏，这仅达到了认识和了解红色文化的目的，离认同和践行红色文化还有相当大的差距。红色文化的受众群体，重点还是本地的党员干部、老师学生，而对普通大众，以及外地人群的传承依然有限。从以上三个层面看，红色文化资源的传承形式是较为简单和传统的。

五、红色文化资源的管理主体各异

8个边境县（市、区）红色文化资源是由当地不同行政部门进行管理的，其中红色文物资源、红色遗迹资源由文化和旅游部门主管；红色设施资源（除博物馆外），特别是纪念碑、烈士陵园等则由退役军人事务部门主管；红色精神资源，如文献、档案、史料等又由党史部门主管。这种分头管理是依据资源的属性和各个部门的职能设置的，自然有其合理性，但因条块分割，使得各个部门各自为政、单打独斗，缺乏有效的沟通与协调，仍带来不利于红色文化保护与传承的诸多问题，如文化和旅游部门不了解党史部门收藏的原始档案资料，不能将其列为文物进行登记、展示和保护；退役军人事务部门侧重纪念碑、烈士陵园本体的修缮，不熟悉红色文化保护与展示的规律，导致陈列馆建设、纪念碑修复不伦不类；文化和旅游部门注重文物、遗迹，往往又忽略对纪念碑、烈士墓的关注，使其难以被列为文物保护单位。分头管理给红色文化资源的整体保护、统一规划带有一定困难。

六、红色文化资源的维修存在失真

原真性是文化遗产保护的重要理念，作为一种特殊的文化遗产类型，其维修、保护也必须遵循此要求。通过调查发现，8个边境县（市、区）较多的红色纪念设施，尤其是烈士纪念碑、烈士墓及其陵园、碑园在保护、修复过程中存在过度处理的现象。表现为：不尊重碑园原有的风貌和历史，为改善其外观，追求光鲜的外表，采用现代技术和材料进行维修；抑或是不考虑原有的地域特色或民族特点，按照统一的风格和标准进行原址重建，结果是"千园一面""千碑一面"。比如，凭祥平而烈士纪念碑，1979年建造，现整个碑体已用红色瓷砖覆盖；大新堪圩烈士陵园，1957年建造，经过多次维修后，现已颇具现代气息，看不到昔日的痕迹。一旦有历史、艺术、美学和纪念价值的红色设施变成毫无美感的现代建筑后，它如何去承载和述说历史？后人又如何从这些已经改造为现代建筑的设施中去体验历史？

七、红色文化资源的配套设施匮乏

红色文化资源的配套设施，可以理解为两个内容：一是围绕资源本体的设施，包括标志标识、相关史实介绍；二是从资源本体延伸出的设施，主要是教育场地、场馆等。比如，那坡县有不少的战斗遗址，因为处在偏远地区，整体保护较好，但遗址附近没有相关标识，更无详细的情况介绍，结果是无法引起人们的重视，久而久之就不利于遗址本体的保护，更不要谈其教育功能的发挥。又如凭祥的几个烈士陵园，除纪念碑、烈士墓外，并无陈列馆，这些烈士的事迹、故事，以及展现的革命精神就无法弘扬。据统计，66处红色遗迹和设施资源中，13处无标志标识，45处无教育设施，48处无史实介绍或史实介绍简略。红色遗迹和设施资源是再现红色精神文化及其价值理念的符号载体，而这些符号载体本身是难以述说鲜活的历史故事与历史事件的，所以必须要将其实质内容与外在形式结合起来，以展现其背后蕴藏的精神。

第二节 红色文化资源融入铸牢中华民族
共同体意识的过程维度评估

红色文化资源所蕴含精神、物质及制度文化等价值总和，为铸牢中华民族共同体意识提供了厚重的历史依据和思想文化基础。两者一脉相传的属性，不仅为红色文化资源融入铸牢中华民族共同体意识奠定了基础，还丰富和拓展了铸牢中华民族共同体意识的理论和实践逻辑（李维军和杨丽，2020）[①]，对推进中华民族共有精神家园建设、推动各民族共同走向社会主义现代化、促进各民族交往交流交融、提升民族事务治理体系和治理能力现代化水平、坚决防范民族领域重大风险隐患、加强和完善党对民族工作的全面领导等以铸牢中华民族共同体意识为主线的民族工作有着重要的作用。红色文化资源融入铸牢中华民族共同体意识，包含着两个层面，一个是融入过程，另一个是融入成效。融入成效反映的是红色文化资源融入铸牢中华民族共同体意识取得的成果，是对结果的评价；而融入过程反映的则是红色文化资源融入铸牢中华民族共同体意识所做的工作，是对过程的评价。工作过程影响工作结果，构建红色文化资源融入铸牢中华民族共同体意识的过程评估指标体系，有助于充分运用好红色文化资源增进铸牢中华民族共同体意识。

一、评估指标体系的构建

（一）红色文化资源的功能定位

红色文化资源具有诸多功能，这已成为学术界研究的共识，学者们围绕红色文化资源的政治功能、文化功能、教育功能、经济功能、社会治理功能展开了

[①] 李维军从政治、经济、文化、社会、生态五个维度论证了红色文化丰富和拓展了当代中华民族共同体建设的理论和实践逻辑。详见李维军、杨丽：《红色文化增进铸牢中华民族共同体意识的多维向度解析》，《广西民族研究》2020年第2期。

丰富的论述。"政治认同是人们在心理上对某一政党的归属感或忠诚感"①。红色文化资源不仅印证了中国共产党依靠人民的革命建设足迹，而且夯实了中国共产党乃历史与人民选择的执政依据，能够增强各族人民对中国共产党的政治认同（李维军和杨丽，2020）。同时，红色文化资源具有文化属性，有着文化功能。卞成林（2021）认为红色文化凝聚着中国共产党人的共同价值追求，传承了中华民族优秀文化基因，能为新时代社会共识的达成提供文化向导和思想基础②。徐永健和李盼（2016）从红色文化资源与大学生思想政治教育的内在关联论述了红色文化资源的思想政治教育功能。而钟利民（2010）则认为在社会主义市场经济条件下，红色文化不仅具有政治、文化和教育功能，还具有重大的经济功能③。除此之外，王春霞（2020）从国家治理角度，认为红色文化与国家治理现代化在核心要义和价值归旨上具有高度的契合性和内在一致性，是推动国家治理现代化的宝贵资源④。马静（2016）从社会治理角度，认为红色文化资源对社会治理也具有一定的效能和作用，主要表现为对社会的导向、教化、创新和推动。

综上所述，红色文化资源的政治功能旨在展现中国共产党带领全国各族人民进行革命和建设的光辉历史，增强对中国共产党的认同，坚定中国共产党的领导。经济功能旨在通过红色文化产品和旅游挖掘新的经济增长点，推动红色文化资源富集地区或革命老区实现同步现代化。文化功能旨在凝聚各族人民的共同价值追求，达成一种全社会共识，为实现中华民族伟大复兴提供文化向导

---

① 政党认同最早由美国学者坎贝尔提出，他从心理学的角度研究选民的投票行为，认为选民的政党认同是一种长期的心理倾向，进而将政党认同的概念表述为"个体在其所处环境中对重要的群体目标的情感倾向"。详见 Angus Campbell, The American Voter, New York: John Willey & Sons, 1960: 121.

② 红色文化是中国特色社会主义文化的重要组成部分，红色文化资源不仅孕育着社会主义核心价值观的丰富内涵，而且也为新时代社会主义核心价值观的培育和践行提供实现载体和涵养路径。详见卞成林：《基于红色文化资源建设的马克思主义意识形态创新》，《广西民族大学学报（哲学社会科学版）》第 43 卷第 3 期，2021 年 6 月。

③ 红色文化的经济功能主要表现在：是社会主义市场经济的强大动力，是经济发展的重要媒介，是有的地区新的经济增长点。详见钟利民：《论红色文化的经济价值及其实现问题》，《求实》2010 年第 3 期。

④ 这种国家治理功能表现在以红色文化引领国家治理现代化方向，做好国家治理现代化的顶层设计；以红色文化凝聚社会共识，夯实国家治理现代化的思想基础；以红色文化涵育公民现代素养，奠定国家治理现代化的主体力量。详见王春霞：《红色文化在国家治理现代化视域下的功能发挥》，《思想教育研究》2020 年第 7 期。

和思想基础。教育功能旨在"以史为鉴，可知兴替"，红色文化资源见证了各族人民同心同德、守望相助的团结进步历史，只有实现中华民族大团结，才能汇聚起实现民族复兴的磅礴力量。社会功能和治理功能旨在契合社会主义核心价值观的丰富内涵，提高国家治理体系和治理能力现代化水平，引导、约束和推动社会发展。

（二）评估指标体系构建

在2021年中央民族工作会议上，习近平总书记以铸牢中华民族共同体意识为主线，推动新时代党的民族工作高质量发展提出了六项重要任务，即要全面推进中华民族共有精神家园建设，要推动各民族共同走向社会主义现代化，要促进各民族交往交流交融，要提升民族事务治理体系和治理能力现代化水平，要坚决防范民族领域重大风险隐患，加强和完善党的全面领导[1]。这六项重要任务分别夯实了铸牢中华民族共同体意识的教育基础、经济基础、文化基础、治理基础、群众基础、政治基础。红色文化资源的功能定位与六项重要任务的工作内容具有一致性（其内在逻辑如图7-1所示），为红色文化资源融入铸牢中华民族共同体意识提供了理论和实践机理。

红色文化资源在类型上可分为物质形态和非物质形态，物质形态以实体展示的方式发挥着红色文化资源的经济功能，在实现红色文化资源经济价值的同时，又通过红色文化资源的文化功能和教育功能，潜移默化地进行社会宣传以达到教化大众的目的。非物质形态则以红色文化资源的文化功能和教育功能，发挥着以文化人、以教育人的作用。从这一层面来讲，红色文化资源本质上属于观念上层建筑范畴，通过意识形态积极反作用于社会实践。总体来说，红色文化资源的文化功能、教育功能、政治功能、社会功能和治理功能，其发挥作用的机制主要是通过以文化人、以教育人。因此，将红色文化资源的政治功能、社会功能和治理功能纳入文化功能、教育功能的讨论范畴，从红色文化资源的功能定位出发，选取全面推进中华民族共有精神家园建设、推动各民族共同走向社会主义现代化、促进各民族交往交流交融作为一级指标，构

---

[1] 习近平：《以铸牢中华民族共同体意识为主线 推动新时代党的民族工作高质量发展》，《人民日报》2021年8月29日，第1版。

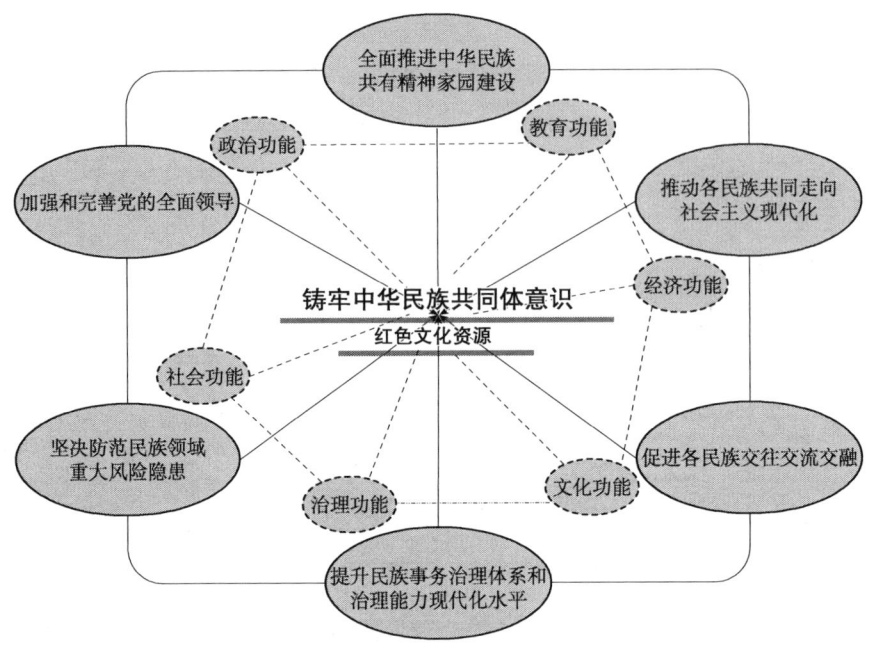

图7-1 红色文化资源功能定位与"六个要"的内在逻辑

建红色文化资源融入铸牢中华民族共同体意识的融入过程评估指标体系,具体如表7-3所示。

表7-3 红色文化资源融入铸牢中华民族共同体意识的融入过程评估指标体系

	一级指标	二级指标	三级指标
红色文化资源融入铸牢中华民族共同体意识的融入过程评估指标体系	推动各民族共同走向社会主义现代化(经济功能)	实现巩固拓展脱贫攻坚成果同乡村振兴有效衔接	发展红色文化产业
	促进各民族交往交流交融(文化功能)	开展民族团结进步创建	把红色文化宣讲与民族团结进步创建进机关相结合
			把红色文化宣讲与民族团结进步创建进企业相结合
			把红色文化宣讲与民族团结进步创建进社区相结合
			把红色文化宣讲与民族团结进步创建进乡村相结合
			把红色文化宣讲与民族团结进步创建进学校相结合
			把红色文化宣讲与民族团结进步创建进连队相结合
			把红色文化宣讲与民族团结进步创建进宗教场所相结合
	全面推进中华民族共有精神家园建设(教育功能)	实施文明创建、公民道德建设、时代新人培育等工程	通过红色文化教育培育和践行社会主义核心价值观
			通过红色文化教育传承中华传统美德
			通过红色文化教育弘扬民族精神和时代精神

基于红色文化资源融入铸牢中华民族共同体意识的融入过程评估指标体系，红色文化资源助力铸牢中华民族共同体意识的作用机制如图 7-2 所示。

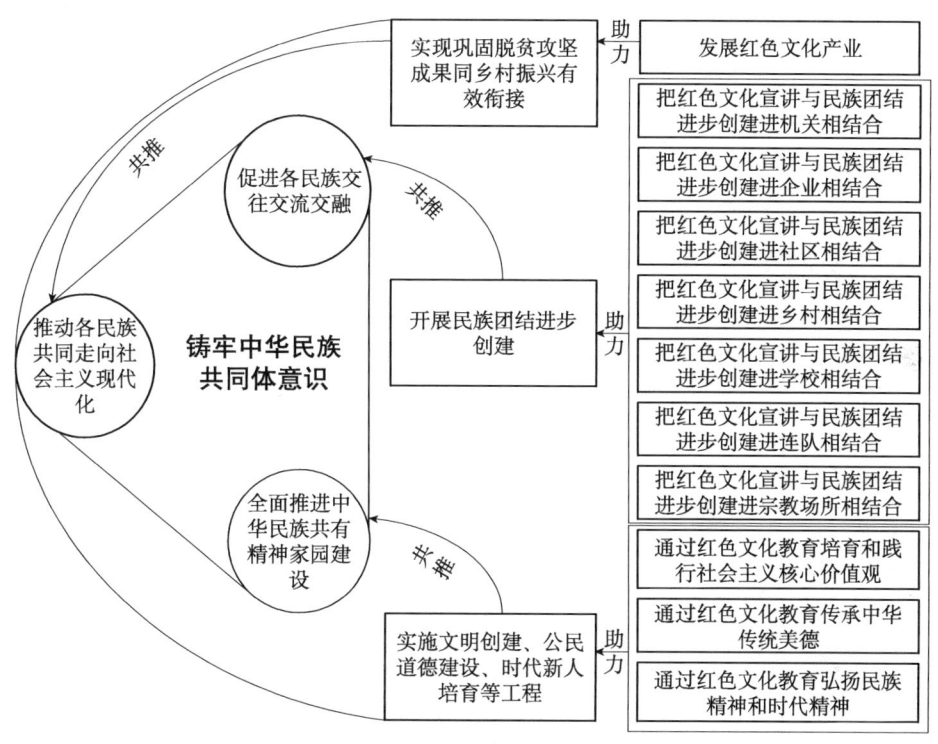

图 7-2　红色文化资源助力铸牢中华民族共同体意识的作用机制

1. 着力发展红色文化产业，共推各民族共同走向社会主义现代化

发展是解决民族地区各种问题的总钥匙。在全面实现小康社会的基础上，推动各民族共同走向社会主义现代化，是中国共产党人"全面建设社会主义现代化国家，一个民族也不能少"的庄严承诺的实践路径。推动各民族共同走向社会主义现代化，要支持民族地区实现巩固拓展脱贫攻坚成果同乡村振兴有效衔接，而接续推进乡村振兴，产业兴旺是重点。红色文化资源的经济功能最主要表现为发展红色文化产业，将红色文化资源转化为经济资源优势。发展红色文化产业是一个从资源到资本的过程，即实现红色文化资源到红色文化资本的转变，这种转变是指红色文化资源经过生产、流通、消费等领域，以产品

形式来满足和引导人们的消费需求，从而产生价值增值①。具体来看，红色文化产业包括红色旅游产业、红色影视产业、红色文创产业等。细分各产业的产品，红色旅游产业包括以各种纪念馆、纪念碑、展览室、名人故居等为主的红色遗迹和红色建筑，以及通过对各种红色文化资源进行规划、开发、整合而打造的旅游景区和旅游线路。红色影视产业包括以重大革命、反特谍战、军事斗争、红色名人等为题材的电影、电视剧、戏剧、舞台剧、短视频等。红色文创产业包括各种红色工艺美术、红色 IP 衍生产品等。促进红色文化与民族地区、革命老区经济社会协调发展，构建"红色旅游＋农业"发展模式，打造集旅游观光采摘玩乐一体化的田园综合体，增强乡村内生发展动力。构筑"红色文创＋工业"发展模式，强化红色文化产业与制造业、建筑业等产业的资源联动效应，激发工业经济活力。创新"红色影视＋服务业"发展模式，挖掘红色文化经典影视资源，通过企业投资市场运作方式，推出高质量红色影视产品，并利用影视传播的溢出效应，打响相关红色景点知名度，以影旅联动拉动当地服务业发展。

2. 大力开展红色文化宣讲，共推各民族交往交流交融

作为推动中华民族共同体建设的重要途径，促进各民族交往交流交融，既要创造各族群众共居共学、共建共享、共事共乐的社会结构和社会条件，有序推进民族地区和中东部地区各族群众跨区域双向流动，又要深入开展民族团结进步创建工作，巩固和发展平等、团结、互助、和谐的新型民族关系。民族团结进步创建活动始于 20 世纪 80 年代初期②，是引导各族干部群众领会党的民族理论和政策，参与民族团结生动实践，维护国家统一、反对民族分裂，巩固

---

① 作者将文化经济学的理论和方法运用于红色文化研究，认为文化资本一般是指能够带来价值增量效应的文化资源，但不是所有的文化资源都具有资本属性，只有以文化产品来满足和引导人们的消费需求，从而产价值增量效应的那部分文化资源，才可以称为文化资本。要实现红色资源向红色资本的转化，首先要充分认识红色文化资源的资本属性。并从红色文化的生产、流通、分配及消费等领域，对红色文化产业的基本范畴、产业形态、运行机制等进行了探讨。详见魏本权、荆婧：《论文化经济学视域下的中国红色文化产业》，《红色文化学刊》2018 年第 4 期。

② 党的十一届三中全会以后，中央确定民族工作的一项重要任务就是"在全党、全国各族人民中间，普遍地、深入地、大张旗鼓地进行民族政策再教育，认真检查民族政策的执行情况，切实解决存在于民族关系方面的问题，消除一切不利于民族团结的因素"。详见金炳镐、余文兵、张娇：《我国民族团结进步实践的内涵、历程和特点》，《中国民族报》2017 年 8 月 25 日。

民族团结进步事业的有效形式。1982年，开始组织新疆开展民族团结先进集体、先进个人表彰活动；同年12月，新疆召开第一次民族团结先进集体、先进个人表彰大会。1983年，新疆将每年的5月定为"民族团结教育月"，内蒙古将每年的9月定为"民族团结表彰活动月"①。1988年4月25日至29日，国务院隆重召开第一次全国民族团结进步表彰大会。2005年，民族团结进步创建活动正式被确定为国家的一项法定活动。

在2019年9月的全国民族团结进步表彰大会上，习近平总书记对全面深入持久开展民族团结进步创建提出了要求，即推动民族团结进步创建活动进机关、进企业、进社区、进乡镇、进学校、进连队、进宗教活动场所②。2019年10月国务院办公厅印发了《关于全面深入持久开展民族团结进步创建工作铸牢中华民族共同体意识的意见》，明确强调新时代民族团结进步创建工作要坚持以铸牢中华民族共同体意识为根本方向③。自此，开展民族团结进步创建有了更为明晰的工作目标和工作要求。民族团结进步创建"七进"活动是深化民族团结进步宣传教育，以文化相和实现人心相通的重要途径。依托红色文化资源，选定"红色文化+"创建主题，在民族团结进步创建中打出红色文化名片，将红色文化宣讲与民族团结进步创建"七进"活动相结合。如以"传承红色基因，维护民族团结"为宣讲主题，通过红色文化展示等方式，从具体的红色事件、红色人物为切入点，将其内容融入民族团结进步创建之中，使得宣讲主题进一步上升到护团结、促发展高度，让各族群众充分认识到民族团结和创建工作的重大意义，切实增强维护民族团结的自觉性和坚定性。以"红色记忆+红色传人"的宣讲模式，由红色文化宣讲团和红军后代组成宣讲队伍，在民族团结进步创建"七进"活动中讲述各民族守望相助的红色历史，

---

① 此后，湖南湘西州、甘肃甘南州等地州及一些民族自治县，每逢五或逢十周年庆祝活动，也集中开展民族团结宣传教育活动。详见隋青、李钟协、孙沭沂、李世强、陈丹洪：《我国民族团结进步创建的实践》，《民族研究》2018年第6期。

② "七进"是在国家民委《关于推动民族团结进步创建活动进机关企业社区乡镇学校寺庙的实施意见》（民委发〔2014〕94号）"六进"基础上的深化和发展。

③ 坚持以加强各民族交往交流交融为根本途径，坚持以"中华民族一家亲，同心共筑中国梦"为总目标，这是我们当前和今后一段时期深入开展民族团结进步创建工作的根本依据。详见吕伟、熊国刘、缪志鹏、姜佩琳：《区域联动视角下民族团结进步创建工作新实践——基于对云南"民族团结进步创建联盟"的研究》，《云南民族大学学报》（哲学社会科学版）第37卷，2020年6月。

通过红色历史为民族团结进步创建工作增色添彩,使民族团结进步创建工作更有形有感有效。

3. 全面推进中华民族共有精神家园建设

在 2021 年中央民族工作会议中,"构建中华民族共有精神家园"是加强和改进民族工作的重要思想的"十二个必须"之一,"全面推进中华民族共有精神家园建设"是铸牢中华民族共同体意识的"第一项任务"。从"建设各民族共有精神家园"到"建设中华民族共有精神家园",为实现中华民族共同体牢不可破凝聚人心①。坚持文化认同这一最深层次的认同,深入实施文明创建、公民道德建设、时代新人培育等工程,以全面推进中华民族共有精神家园建设引导各族群众铸牢中华民族共同体意识。

文明创建活动于 1996 年 10 月被写进党的十四届六中全会决议之中,《中共中央关于加强社会主义精神建设的决议》将文明城市、文明村镇及文明行业并称为"三大"群众性精神文明建设创建活动。精神文明创建活动的根本目标任务是培育有理想、有道德、有文化、有纪律的"四有"社会主义公民,核心主题是培育和践行社会主义核心价值观。

公民道德建设的概念最早在 2001 年提出,是对 1986 年 9 月党的十二届六中全会通过的《中共中央关于社会主义精神文明建设指导方针的决议》提出的社会主义道德建设的进一步发展。2001 年 9 月中共中央印发《公民道德建设实施纲要》,提出了公民基本道德规范和公民道德建设的主要内容②,还提出了社会公德、职业道德及家庭美德规范,形成一套完整的公民道德体系,成为往后近 20 年社会主义精神文明建设的纲领性文件。2019 年 10 月,中共中央、国务院印发了《新时代公民道德建设实施纲要》,这是在充分总结和肯定

---

① 在 2014 年中央民族工作会议上,习近平总书记指出:"加强中华民族大团结,长远和根本的是增强文化认同,建设各民族共有精神家园,积极培养中华民族共同体意识。"在 2019 年全国民族团结进步表彰大会上,习近平总书记将"坚持文化认同是最深层次的认同,构筑中华民族共有精神家园",归纳为新中国 70 年民族工作九条经验之一。在 2021 年中央民族工作会议上,习近平总书记再次强调,"要全面推进中华民族共有精神家园建设"。

② 《公民道德建设实施纲要》(中发〔2001〕15 号)指出,社会主义道德建设的主要内容包括:要坚持以为人民服务为核心,以集体主义为原则,以爱祖国、爱人民、爱劳动、爱科学、爱社会主义为基本要求,以社会公德、职业道德、家庭美德为着力点。

《公民道德建设实施纲要》颁布以来我国公民道德建设的经验和成就的基础上①，顺应中国特色社会主义进入新时代提出的有效推进全民道德建设和提升社会文明程度的里程碑性文件②。

"时代新人"概念是在 2017 年党的十九大报告中提出的③，"担当民族复兴大任的时代新人"的表述，提出"时代新人"概念的同时，也明确了培育时代新人的目标。时代新人的提法来自"新时代"，为党和国家在新的时代条件下进一步推进培育和践行社会主义核心价值观的工作提供了着眼点④，也为"培养什么人、怎样培养人、为谁培养人"这一教育的根本问题提供了根本指针。2018 年 5 月 2 日，习近平总书记在北京大学师生座谈会上就"培养什么人"给出了明确答案，即"要培养德智体美全面发展的社会主义建设者和接班人。"培养的是社会主义建设者和接班人，不是旁观者和反对派，而且定语只能是"社会主义"，这是对"培养什么人"的本质规定。"才者，德之资也；德者，才之帅也。"习近平总书记在强调道德修养对培育时代新人所具有的特殊而重要价值的基础上，进一步从理想信念、爱国主义情怀、品德修养、知识

---

① 除了经验和成就之外，道德领域依然存在不少问题。一些地方、一些领域不同程度存在道德失范现象，拜金主义、享乐主义、极端个人主义仍然比较突出；一些社会成员道德观念模糊甚至缺失，是非、善恶、美丑不分，见利忘义、唯利是图，损人利己、损公肥私；造假欺诈、不讲信用的现象久治不绝，突破公序良俗底线、妨害人民幸福生活、伤害国家尊严和民族感情的事件时有发生。

② 《新时代公民道德建设实施纲要》明确了新时代公民道德建设的重点任务，一是要筑牢理想信念之基，二是要培育和践行社会主义核心价值观，三是要传承中华传统美德，四是要弘扬民族精神和时代精神。

③ 在党的十九大报告第七部分，"坚定文化自信，推动社会主义文化繁荣兴盛"中，在谈到"培育和践行社会主义核心价值观"问题时，习近平总书记指出："社会主义核心价值观是当代中国精神的集中体现，凝结着全体人民共同的价值追求。要以培养担当民族复兴大任的时代新人为着眼点，强化教育引导、实践养成、制度保障，发挥社会主义核心价值观对国民教育、精神文明创建、精神文化产品创作生产传播的引领作用，把社会主义核心价值观融入社会发展各方面，转化为人们的情感认同和行为习惯。"详见习近平：《决胜全面建成小康社会 夺取新时代中国特色社会主义伟大胜利——在中国共产党第十九次全国代表大会上的报告》，《人民日报》2017 年 10 月 18 日。

④ 这里的"着眼点"有双重含义：一是指培育和践行社会主义核心价值观的工作目标，二是指培育和践行社会主义核心价值观的总抓手。但提出"时代新人"的重要性，并不仅限于培育和践行社会主义核心价值观这一范畴，对于新时代的育人工作也具有重要的指导和引领意义。详见刘建军：《论"时代新人"的科学内涵》，《思想理论教育》2019 年第 2 期。

见识、奋斗精神、综合素质六个方面明确了时代新人的核心素养①。

总体而言，文明创建、公民道德建设、时代新人培育，其核心要义都紧紧围绕着社会主义核心价值观、中华传统美德、民族精神和时代精神，并以此作为实施文明创建、公民道德建设、时代新人培育等工程的实践路径。无论是践行和培育社会主义核心价值观、传承中华传统美德，还是弘扬民族精神和时代精神，都是中华文化的精神价值在实践层面通过教育功能对全体社会成员形成潜移默化、深远持久的影响。而红色文化作为中华文化的一部分，充分利用红色文化深入开展社会主义核心价值观教育，深化爱国主义、集体主义、社会主义教育，打造红色文化的干部教育、党员教育、国民教育体系，充分发挥红色文化的培根铸魂作用，在理想信念教育中厚植各族人民爱党爱国爱社会主义的情感，坚定中国特色社会主义共同理想，全面推进中华民族共有精神家园建设。这既有利于实现红色基因在中华民族代代传承，更有助于不断巩固全党全国各族人民团结奋斗的共同思想基础。

二、评估指标体系的运用：以百色市为例

基于红色文化的经济功能，通过发展红色文化产业，以红色特色产业激发经济活力，实现巩固拓展脱贫攻坚成果同乡村振兴有效衔接，推动各民族共同走向社会主义现代化。基于红色文化的文化功能，通过推进红色文化宣讲，将其与民族团结进步创建"七进"活动相结合，在助力开展民族团结进步创建中促进各民族交往交流交融。基于红色文化的教育功能，通过培育和践行社会主义核心价值观、传承中华传统美德、弘扬民族精神和时代精神，实施文明创建、公民道德建设、时代新人培育等工程，全面推进中华民族共有精神家园建设。因而，着力发展红色文化产业、大力开展红色文化宣讲、持续加强红色文化教育，是红色文化助力铸牢中华民族共同体意识的作用点。

根据红色文化资源融入铸牢中华民族共同体意识的融入过程评估指标体

---

① 习近平总书记在对社会主义建设者和接班人全面发展的素养要求上进一步增加了"劳动"的维度，使全面发展的目标要求更加丰富。并在 2018 年 9 月全国教育大会上强调要构建德智体美劳全面培养的教育体系，引导广大师生做社会主义核心价值观的坚定信仰者、积极传播者、模范践行者。详见庞立生：《时代新人培养的根本指针》，《中国教育报》2021 年 4 月 8 日。

系，以百色市为研究样本，从发展红色文化产业、把红色文化宣讲与"七进"活动相结合、通过红色文化教育建设共有精神家园三方面对百色市推进红色文化资源融入铸牢中华民族共同体意识所做工作进行客观分析和综合评估。

(一) 发展红色文化产业

百色市拥有丰富的红色文化资源，在促进文化资源向文化资本转化，实现红色文化资源创新性发展的过程中，大力发展红色文化产业，推动脱贫攻坚成果同乡村振兴有效衔接。在红色旅游产业方面，百色市是全国12个重点红色旅游区之一，正在打造"壮美红城·千姿百色"整体旅游品牌形象。全市现有国家3A级以上红色文化旅游景区8家[①]，其中百色起义纪念园景区于2020年成功升级为5A景区，实现百色5A级旅游景区零的突破。红色旅游资源富集地右江区正在奋力创建广西全域旅游示范区，已完成2021年度的初审工作。全市通过实施"古城恢复、红城提升"工程，建设红七军军部旧址（粤东会馆）、红七红八军乐业会师旧址、平果苏维埃政府旧址、田东百谷红军村、田东右江苏维埃政府旧址（正经书院）、田东那恒革命历史馆、凌云红八军彩村突围战纪念馆等一大批红色旅游景点。并依托各红色旅游景点，打造多样化精品红色旅游线路，如田东县以"邓小平在田东的足迹"为主线，打造了"挺进右江""运枪小道""战地烽火""红七军那叭医疗站"4条体验教学式红色旅游线路；百色市以"红色起义"为主线，打造"田东红军亭—田东右江工农民主政府旧址—百色起义纪念馆—红七军军部旧址—百色起义纪念碑园—乐业红七军和红八军会师地旧址"的"红色广西"精品旅游线路。依托丰富的红色旅游资源，百色市红色旅游经济快速发展，据统计，2019年全市红色旅游接待人数1510.2万人次，红色旅游消费152.5亿元。2021年一季度全市红色旅游接待游客195万人次，红色旅游消费17.5亿元。基于"邓小平故居""运枪小道"旅游线路，田东思林镇真良村利用村集体资源开办红军饭堂，每一桌抽成20元作为村集体收入。2019年，该红军食堂接待游客400多桌，估计2021年突破500桌，实现农户和村集体双增收，提高村民生活水平的同时

---

① 百色起义纪念园景区为国家5A级旅游景区，西林宫保府景区、黎明通天河景区为国家4A级旅游景区，田东县右江工农民主政府旧址景区、乐业县红七红八军纪念馆景区、靖西岜蒙福峒山、凌云独秀峰景区、凌云博物馆为国家3A级旅游景区。

为完善村基础设施建设提供资金。红色旅游经济的快速发展，带动百色市由"旅游＋扶贫"转向"旅游＋振兴"，实现红色旅游从助力脱贫攻坚到助力乡村振兴。

在红色影视产业方面，主要是以百色起义为题材，拍摄相关的电影、动画、纪录片、舞台剧等。如1989年拍摄的电影《百色起义》、动漫《百色起义》、纪录片《大将张云逸——百色起义》、壮话舞台剧《百色起义》等。在红色文创产业方面，百色市以"红色＋品牌"模式，将红色主题与文创相结合，开发制作了玩偶、冰箱贴、笔、钥匙扣、纸胶带等一系列红色主题文创产品，创意打造"七军哥、阿果妹"两个IP形象。百色起义纪念馆、乐业红七军红八军会师旧址附近的村寨，如平圩民族村、火卖生态村等，充分利用红色文化资源，通过制作红色文创包装纸、设计"红色文化＋民族文化"的工艺品和纪念品，形成了一批富有百色市特色的红色文创产品。

（二）把红色文化宣讲与"七进"活动相结合

百色市作为民族地区，3.63万平方公里的土地上生活着壮族、汉族、瑶族、仫佬族等7个世居民族，423万人的总人口中，少数民族人口占87%，其中壮族人口占75%。在这片革命热土的红色记忆中，就有着民族团结的光荣传统。百色起义爆发后，邓小平根据左右江地区的实际情况，坚持实行民族平等政策，各族人民平等享有参军、入党的权利。据统计，百色起义前，右江地区少数民族党员仅有40人，1929年12月到1930年9月，迅速发展为1000多人，各级苏维埃政权中少数民族成员至少占63%。

新时代继往开来走好民族团结之路，百色市扎实推进民族团结进步创建工作。2019年，百色市荣获1个"全国民族团结进步示范区示范单位"和3个"全国民族团结进步模范集体"[①]。2020年全市成功创建全国民族团结进步示范县（市）2个（分别是德保县、靖西市），广西全区民族团结进步示范区示范单位26个，百色全市命名民族团结进步示范区示范单位210个，下辖的12个

---

① 百色民族高级中学被命名为全国民族团结进步示范区示范单位；右江区扶贫开发办公室、百色市民族文化传承中心、靖西市安德镇安德街民委员会获"全国民族团结进步模范集体"荣誉称号。

县（市、区）都表彰了一批县级民族团结进步模范集体和模范个人①。全市901个机关单位（含市直、县直和派出机关）、27家企业（国有企业）、135个乡镇（街道）、670个行政村（社区）、682所学校（公办中小学）、42个宗教活动场所、11个军警营队、17个景区、36个易地扶贫搬迁安置点、2300余户家庭参与民族团结进步创建工作，实现民族团结进步创建"七进"迈向"十进"。

把红色文化宣讲与"七进"活动相结合方面，第一，百色市运用红色文化资源开展党史学习教育。组建市委党史学习教育领导小组办公室，下设5个工作组，每个工作组建立"周计划"、工作例会等制度。将党史学习教育与民族团结进步创建、全面实施乡村振兴、推进"一市一区"建设相结合，确定"发扬革命传统，传承红色基因"等学习主题，依托百色起义纪念园、百色干部学院等平台，创新使用"5G网络+VR"党史教育课堂，开展"党史学习我来带""文秀事迹我来学""百色故事我来讲""乡村振兴我来干"系列活动，引导处级以上领导干部"带头干、当表率"，带动各级党员干部"跟着干"，形成机关单位"一级带一级，大家一起干"的党史学习教育局面，为民族团结进步创建进机关营造学习氛围。

第二，开展红色文化建设进民营企业和商会活动。在8个直属商会和较多民营企业举办"感受革命传统，传承红色基因"的主题活动，并分批次组织年青一代民营企业家百余人次到百色起义纪念园、右江工农民主政府旧址、红七军军部旧址等红色文化教育基地开展理想信念教育活动，现有民族团结进步示范商会5个、示范企业10余家。

第三，开展"传承红色基因，讲好百色故事"送展进社区活动。百色起义纪念园管委会党总支下辖4个党支部党员利用"双报到、双服务"，通过板报、横幅、宣传手册等形式，把百色的红色革命历史展示出来，并定期安排讲解员进行现场讲解，让更多的社区居民在"家门口"近距离感受红色文化。以这些"可移动的纪念馆"将红色文化传播进社区，传承红色基因饿同时，

---

① 截至2021年，百色全市共荣获全国民族团结进步模范集体31个、模范个人33人，自治区民族团结进步模范集体168个、模范个人184人。

讲好百色民族团结进步故事。

第四,依托红色文化资源富集乡村,带动红色文化进乡村。百色有名的红军村①——田东县百谷村,被评为自治区爱国主义教育基地,并依托村里的红军大门、红军学校、红军陈列室、红军烈士纪念碑等众多红色文化资源打造民族团结进步示范教育基地。百谷村利用爱国主义教育平台,不仅使红色基因在这片红色土地上延续,还将"讲好红军故事,唱好红军歌曲"推进邻村,丰富邻村的红色文化生活。另一个被评为爱国主义教育基地的村子——凌云县彩架村,也凭借自身的红色革命历史,将红色文化教育和党史学习教育推向邻村。除了以"村村联动"的方式开展红色文化进乡村活动之外,百色市还号召各乡村充分调查和挖掘红色文化资源,以自身的红色文化资源点亮乡村精神面貌。

第五,在各中小学校开展《红色传奇》进校园活动,以红色底色点缀民族团结进步创建。2020年共有813所中小学校组织收看《红色传奇》系列纪录片,开展5532场次"红色课堂"学习分享活动,参与学生多达30余万人。在学校同步推进"红色故事"演讲、"红色歌曲"演唱、"红色画卷"征文(书画)评比、"红色诵读"主题阅读等活动,其中全市有211所学校开展"红色故事"演讲活动,参与学生有8.6万人;有12.5万人作品参评"红色画卷"征文(书画)活动;有8878份作品参加"红色诵读"主题阅读。现有民族团结进步示范学校近60所,努力让中华民族共同体意识在各族学生中入脑入耳入心。

第六,开展红色文化教育进军警营队活动。在全市军警营队开展红色文化系列主题活动,包括观看《百色起义》电影、参观百色起义纪念馆、开展党史学习教育等。其中,武警广西总队百色支队那坡中队还建设"强军书屋",为戍边卫士打造"精神粮仓",强化稳定固边的精神防线。目前,百色市有民族团结进步示范连队2个,参与民族团结进步创建的连队(军警营队)有11个。

---

① "百色起义"第一枪在这里打响,邓小平、张云逸曾到这里进行革命指导,全村86户人家中共有85户131人参加赤卫队和红军,有69名赤卫队员被编入红七军。

第七，推动红色文化资源进宗教活动场所，宣传民族团结进步模范典型。目前百色全市共有 355 处民间信仰场所，42 个宗教活动场所。在建设好三级宗教网络的基础上，利用"宗教政策法规学习月"的契机，开展红色文化学习教育，举办全市宗教界代表人士学习班。其中，在田东县基督教教堂开展民族团结专场文艺演出，并在该县成功创建 2 个民族团结进步示范宗教活动场所。

（三）通过红色文化教育建设共有精神家园

在精神文明建设方面，百色市积极开展自治区文明城市创建活动，推进公民道德建设、时代新人培育工程，并将红色文化资源作为精神文明建设的重要支撑和重点内容。在全市广泛宣传"七一勋章获得者""全国优秀共产党员""时代楷模"黄文秀的先进事迹，设立"黄文秀式"各种荣誉称号，包括"黄文秀式干部""黄文秀式新时代好少年""黄文秀式好党员""黄文秀式好青年"，用榜样力量和榜样精神引领人们自觉培育和践行社会主义核心价值观、传承中华传统美德和弘扬民族精神和时代精神。并且还建立起"学文秀促担当"的长效机制，实施"文秀先锋号"创建工作，通过设置"文秀先锋岗"、推行"文秀先锋指数"积分管理、评选"文秀先锋之星"等措施，推进文明城市创建工作和公民道德建设。同时，百色市以"传承红色基因，弘扬时代精神"为主题，以百色干部学院红色教育平台为核心，精心打造以百色起义革命历史为基础的"红色"课程，整合全市红色文化专业宣讲员 100 余人，通过体验式和访谈式宣讲方式，在党员领导干部、普通群众中巡回宣讲红色文化，以红色文化宣讲弘扬民族精神和时代精神的同时，引导人们培育和践行社会主义核心价值观、传承中华传统美德。

除此之外，百色市开展"童心向党"主题教育活动，将其作为培育和践行社会主义核心价值观，加强未成年人思想道德建设的重要内容。通过组织学生到爱国主义教育基地、纪念馆等地现场接受红色革命教育，安排红色文化宣讲团到学校讲述红军故事、党史故事等方式，厚植未成年人爱党爱国爱社会主义情怀。开展《红色传奇》进校园活动，通过观看纪录片、红色经典诵读等形式，以内化于心、外化于行的模式，用红色文化育新人，落实新时代立德树人的任务。

三、百色市推进红色文化资源融入铸牢中华民族共同体意识所做工作的总体评价

根据红色文化资源融入铸牢中华民族共同体意识的融入过程评估指标体系，从三级指标发展红色文化产业，把红色文化宣讲与民族团结进步创建"七进"活动相结合，通过红色文化教育培育和践行社会主义核心价值观、传承中华传统美德、弘扬民族精神和时代精神层面对百色市推进红色文化资源融入铸牢中华民族共同体意识所做工作进行过程维度评估。总体而言，百色市在红色文化产业、红色文化宣讲、红色文化教育方面做了大量工作，为红色文化资源融入铸牢中华民族共同体意识奠定了坚实的基础。具体而言，在发展红色文化产业方面，通过大力发展红色文化旅游，成为全国 12 个重点红色文化区之一，以"壮美红城·千姿百色"的旅游品牌形象，打造 8 家 3A 级以上红色旅游景区和 20 余条红色旅游路线，游客人次 2019—2021 年连续三年突破千万级别，旅游收入突破百亿元。通过拍摄制作与百色起义相关的电影电视动漫、创意打造"七军哥、阿果妹"两个 IP 形象等，以红色影视和红色文创推动红色文化产业发展。在把红色文化宣讲与民族团结进步创建"七进"活动相结合方面，开展党史学习教育推动红色文化资源进机关、举办红色革命主题活动推动红色文化资源进商会、打造"可移动的纪念馆"推动红色文化资源进社区、利用"爱国主义教育基地 + 村村联动"模式推动红色文化资源进乡村、开展"红色 +"系列主题教育活动推动红色文化资源进校园、打造"红色精神粮仓"推动红色文化资源进连队、举办红色文艺演出活动推动红色文化资源进宗教场所。在通过红色文化教育培育和践行社会主义核心价值观、传承中华传统美德、弘扬民族精神和时代精神方面，以"七一勋章获得者""全国优秀共产党员""时代楷模"黄文秀为学习榜样，设立"黄文秀式"各种荣誉称号，用榜样力量和榜样精神引领人们自觉培育和践行社会主义核心价值观、传承中华传统美德和弘扬民族精神和时代精神；以百色干部学院等教育培训平台为支撑，开发系列红色课程，组建一支红色文化专业教育队伍，强化红色文化教育。百色市在推进红色文化资源融入铸牢中华民族共同体意识所做的大量工作，不仅为红色文化资源融入铸牢中华民族共同体意识取得优良成效奠定了坚

实基础，也为本章第三节实证分析红色文化资源与铸牢中华民族共同体意识的耦合协调度提供了材料支撑。

第三节 红色文化资源与铸牢中华民族共同体意识的耦合协调度分析

耦合协调度用于分析事物协调发展水平，其中耦合度指两个或两个以上系统之间的相互作用程度大小，不能反映两个或两个以上系统之间的发展水平，而协调度则可以反映出两个或两个以上系统之间耦合程度的大小，即协调发展水平[1]。红色文化资源与铸牢中华民族共同意识构成一个动态变化的开放系统，开发和利用红色文化资源有利于深化铸牢中华民族共同体意识工作，推进铸牢中华民族共同意识工作有利于红色文化资源的保护和传承。因此，运用耦合协调度模型分析红色文化资源与铸牢中华民族共同体意识之间的协调发展水平，为实现两者的良性互动提供实证支撑。

一、耦合协调度模型

（一）耦合度模型

1. 功效函数

设变量 $S_i(i=1,2)$ 是红色文化资源与铸牢中华民族共同体意识系统序参量，S_{ij} 为第 i 个序参量的第 j 个指标，其值为 $X_{ij}(j=1,2,\cdots,n)$，α_{ij}、β_{ij} 是红色文化资源与铸牢中华民族共同体意识系统稳定临界值点上序参量的上、下限值。因此，功效系数 S_{ij} 可表示为：

$$S_{ij} = \begin{cases} (X_{ij} - \beta_{ij})/(\alpha_{ij} - \beta_{ij}), & S_{ij}\text{具有正功效} \\ (\alpha_{ij} - X_{ij})/(\alpha_{ij} - \beta_{ij}), & S_{ij}\text{具有负功效} \end{cases} \quad (7-1)$$

---

[1] 系统协调的理论基础是自组织理论、协同学等，自组织和协同学理论是通过序参量和控制参数来支配和控制系统以某种方式进行演化和发展，是一种软控制和间接控制或称为不确定控制。详见曾珍香：《可持续发展协调性分析》，《系统工程理论与实践》2001年第3期。

其中，S_{ij} 为指标值对红色文化资源与铸牢中华民族共同体意识系统的功效贡献大小，反映了各指标达到系统目标的满意程度，S_{ij} 取值范围介于 0 和 1 之间，越趋近 1 表现越满意。序参量 S_i 可通过对 S_{ij} 进行线性加权求和来计算，公式可表示为：

$$S_i = \sum_{j=1}^{n} \lambda_{ij} S_{ij}, \sum_{j=1}^{n} \lambda_{ij} = 1 \tag{7-2}$$

其中，S_i 表示第 i 个子系统对红色文化资源与铸牢中华民族共同体意识总系统有序度的贡献，λ_{ij} 为序参量内各个指标的权重。

2. 耦合度函数

耦，原指两人并肩而耕，农具"耒"（犁的前身）需要两人一起进行联合操作，是古代农耕时期对农业生产的描述。耦合，是从古代农业领域借用到其他领域，最先是在物理学范畴应用，指的是两个或两个以上物体、两种或两种以上运动形式之间相互作用、彼此影响甚至联合起来的现象。借鉴物理学中的容量耦合概念及容量耦合系数模型，推广得到两个或两个以上系统相互作用的耦合度模型（刘耀彬等，2005），即：

$$C_m = m \times [(S_1 \times S_2 \times \cdots \times S_m)/(S_1 + S_2 + \cdots + S_m)^m]^{1/m} \tag{7-3}$$

将公式（7-3）应用于红色文化资源与铸牢中华民族共同体意识系统，可化简为：

$$C_2 = 2[(S_1 \times S_2)/(S_1 + S_2)^2]^{1/2} \tag{7-4}$$

耦合度值的取值范围为 $C \in [0, 1]$，耦合度值越趋于 1，耦合度越大，系统内部要素之间的相互作用越大；反之亦然。

（二）耦合协调度模型

在测算系统内部要素之间相互作用力的基础上，构建耦合协调度模型考察系统内部要素之间的协调发展水平，公式为：

$$D = (C \times T)^{1/2}, T = \gamma S_1 + \mu S_2 + \cdots + \kappa S_m \tag{7-5}$$

其中，D 为耦合协调度值，C 为耦合度值，T 为系统综合评价指数，S_1，$S_2 \cdots S_m$ 为序参量，γ，$\mu \cdots \kappa$ 为权重系数。将该公式应用于红色文化资源与铸牢中华民族共同体意识系统，则 $T = \gamma S_1 + \mu S_2$。T 的取值范围为 $T \in (0, 1)$，D 的取值范围为 $D \in (0, 1)$，D 的值越趋于 1，系统内部要素之间的协调发展水平越高。

二、评估指标体系的构建

(一) 评估指标的选取

在红色文化资源子系统,基于红色文化资源的经济功能、文化功能、教育功能,选取经济价值、文化价值、教育价值作为其准则层评估指标。在经济价值准则层,考虑到目前对红色文化资源经济价值讨论最多的是红色文化旅游(杨舜清,2016)[①],因此主要从红色文化旅游方面选取要素层评估指标,包括旅游收入、旅游收入占 GDP 的比重、旅游景点的个数和游客人次。在文化价值准则层,通过红色文化宣讲方面选取要素层评估指标,包括宣讲活动次数、宣讲团数量。在教育价值准则层,通过红色文化教育方面选取要素层评估指标,包括教育基地数量、教育课程数量、专业讲解人员数和受教育人次。红色文化资源子系统的评估指标如表 7-4 所示。

表 7-4　　　　　　　红色文化资源子系统评估指标

目标层	准则层	要素层
红色文化资源子系统	红色文化旅游	旅游收入
		旅游收入占 GDP 的比重
		旅游景点的个数
		游客人次
	红色文化宣讲	宣讲活动次数
		宣讲团数量
	红色文化教育	教育基地数量
		教育课程数量
		专业讲解人员数
		受教育人次

在铸牢中华民族共同意识子系统,基于中华民族共同体的基本属性和内

[①] 2004 年,中共中央办公厅、国务院办公厅联合下发了《2004—2010 年全国红色旅游发展规划纲要》,各地掀起了对红色文化资源经济价值的研究热潮。2011 年,中共中央办公厅、国务院办公厅联合下发的《2011—2015 年全国红色旅游发展规划纲要》,进一步激发了学术界对红色文化旅游的研究。详见杨舜清:《国内红色文化资源的经济价值研究综述》,《新西部》(理论版) 2016 年第 2 期。

涵,陈瑛和郎维伟(2020)①、郑旺全和赵晓非(2021)都认为"五个认同"是中华民族共同体意识的核心内容,推进铸牢中华民族共同体意识工作,就要加强"五个认同"教育(王延中,2018、2020),增强各民族"五个认同"(郝亚明,2019)。因此,以"五个认同"作为准则层,构建铸牢中华民族共同意识子系统评估指标,具体如表7-5所示。

表7-5　　　　铸牢中华民族共同意识子系统评估指标

目标层	准则层	要素层
铸牢中华民族共同意识子系统	"五个认同"	对伟大祖国的认同
		对中华民族的认同
		对中华文化的认同
		对中国共产党的认同
		对中国特色社会主义的认同

(二) 评估指标体系的构建

1. 评估指标体系

基于表7-4、表7-5选取的红色文化资源子系统和铸牢中华民族共同意识子系统评估指标,构建红色文化资源与铸牢中华民族共同体意识系统评估指标体系,具体如表7-6所示。

2. 权重的确定

对于铸牢中华民族共同体意识子系统,"五个认同"是习近平总书记于2015年在中央第六次西藏工作座谈会上提出,对伟大祖国、中华民族、中华文化、中国共产党、中国特色社会主义的认同共同夯实了铸牢中华民族共同体意识的思想基础。因此,对伟大祖国的认同、对中华民族的认同、对中华文化的认同、对中国共产党的认同、对中国特色社会主义的认同的权重均设定为0.2。对于红色文化资源子系统,采用模糊层次分析法确定各指标的权重。

---

① 文化认同是最深层次的认同,民族认同是承载本体,国家认同、制度认同和政党认同同为政治认同。其中国家认同是最高层次的认同,体现了爱国情怀;政党认同和制度认同是中华民族的现实选择,代表了人民的共同意愿。详见陈瑛、郎维伟:《中华民族共同体意识与"五个认同"关系再探析》,《北方民族大学学报》2020年第1期。

表 7–6　　红色文化资源与铸牢中华民族共同体意识系统评估指标体系

目标层		准则层	要素层
红色文化资源与铸牢中华民族共同体意识系统	红色文化资源子系统	红色文化旅游	旅游收入
			旅游收入占 GDP 的比重
			旅游景点的个数
			游客人次
		红色文化宣讲	宣讲活动次数
			宣讲团数量
		红色文化教育	教育基地数量
			教育课程数量
			专业讲解人员数
			受教育人次
	铸牢中华民族共同体意识子系统	"五个认同"	对伟大祖国的认同
			对中华民族的认同
			对中华文化的认同
			对中国共产党的认同
			对中国特色社会主义的认同

糊层次分析法是 20 世纪 70 年代初由美国运筹学家萨蒂（Saaty, T. L.）提出，核心思想在于将复杂的多目标综合系统分解为若干相互联系的层次，构建递进层次权重决策结构模型。将多目标决策问题按照目标、准则、方案分解为不同的结构层次，在同一层次间用求解判断矩阵特征向量的方法①，测算出每一层次各元素的具体权重值，从而为决策提供最优依据。与层次分析法（AHP）相比，模糊层次分析法克服了其难以保证思维一致性的问题，从而使决策方案更具精准性②。模糊层次分析法定性与定量相结合的优势为解决复杂的多目标问题提供了一种简单有效的决策分析方法。根据红色文化资源子系统，将这一目标分解为不同的组成因素，并按照各因素相互关联及隶属关系将

---

① 具体用法为构建判断矩阵，求出其最大特征值及其所对应的特征向量 W，归一化之后，即为某一层次指标对于上一层次某相关指标的相对重要性权重值。
② 层次分析法最大的问题是某一层次评价指标很多时（如 4 个以上），检验判断矩阵是否一致非常困难，且检验判断矩阵是否具有一致性的标准 CR<0.1 缺乏科学依据，判断矩阵的一致性与人类思维的一致性有显著差异。

其分为多个层次，形成一个由3个一级指标、10个二级指标构成的多层次分析模型。接着计算出各因素的权重，决定二级指标即要素层对一级指标的相对重要程度。

权重是专家经验和决策意志的体现，一定程度上决定了多目标决策的正确性和合理性。一般来说，对于层次简单、指标数量不多的评估指标体系，其权重可以通过均分法或者主观决策直接确定[①]。但在红色文化资源子系统中，为了避免研究者自身的价值偏好、主观臆断及一致性难以保证，增加多层次指标权重的准确性、有效性和合理性，特构建两两比较的判断矩阵来确定13个指标的权重。通过发放调查问卷的形式收集5位专家对3个一级指标、10个二级指标两两比较的重要程度打分，最后取5位专家打分的算术平均数构建指标间的两两比较判断矩阵。采取"1—9及其倒数"标度法，分值越高，表明两个评估指标相比较，一个比另一个更重要，赋值标准及其含义如表7-7所示。

表7-7　　　　　评估指标两两比较评分标准

序号	两两评估指标相比较	含义	赋值
1	两个评估指标相比，具有同等重要性	同等重要	1
2	两个评估指标相比，指标i比指标j略重要	略微重要	3
3	两个评估指标相比，指标i比指标j明显重要	明显重要	5
4	两个评估指标相比，指标i比指标j非常重要	非常重要	7
5	两个评估指标相比，指标i比指标j极为重要	极为重要	9
6	两个评估指标相比，指标i比指标j略不重要	略不重要	1/3
7	两个评估指标相比，指标i比指标j明显不重要	明显不重要	1/5
8	两个评估指标相比，指标i比指标j非常不重要	非常不重要	1/7
9	两个评估指标相比，指标i比指标j极为不重要	极为不重要	1/9

注：当赋值为2、4、6、8、1/2、1/4、1/6、1/8时，指标i与指标j的重要性介于上述相应赋值之间。

---

① 袁利平、丁雅施：《教育扶贫政策实施效果评估指标体系构建》，《教育研究》第40卷，2019年8月。

构建出两两比较判断矩阵 $A = (\alpha_{ij})n \times n$ 后,首先要对矩阵 A 的元素按每一列进行归一化处理,即用各列的每一个分值除以该列的分值总和。公式为:

$$m_{ij} = a_{ij} \bigg/ \sum_{i=1}^{n} a_{ij} \qquad (7-6)$$

对列进行归一化处理后,得到一个新矩阵 B,然后对矩阵 B 每一行元素求和,即:

$$m_i = \sum_{j=1}^{n} m_{ij} \qquad (7-7)$$

最后对 m_i 进行归一化处理,公式为:

$$W_i = m_i \bigg/ \sum_{i=1}^{n} m_i \qquad (7-8)$$

即可算出一级指标和二级指标所对应的权重数值,如表7-8所示。

表7-8 红色文化资源子系统各级指标权重

目标层	准则层		要素层	
	指标	权重	指标	权重
红色文化资源子系统	红色文化旅游	0.34	旅游收入	0.23
			旅游收入占 GDP 的比重	0.16
			旅游景点的个数	0.29
			游客人次	0.32
	红色文化宣讲	0.33	宣讲活动次数	0.54
			宣讲团数量	0.46
	红色文化教育	0.33	教育基地数量	0.23
			教育课程数量	0.27
			专业讲解人员数	0.24
			受教育人次	0.26

根据红色文化资源子系统和铸牢中华民族共同体意识子系统各级指标的权重,红色文化资源与铸牢中华民族共同体意识系统各级指标的权重如表7-9所示。

表7-9 红色文化资源与铸牢中华民族共同体意识系统各级指标权重

目标层	准则层		要素层	
	指标	权重	指标	权重
红色文化资源与铸牢中华民族共同体意识系统	红色文化资源子系统 红色文化旅游	0.34	旅游收入	0.23
			旅游收入占GDP的比重	0.16
			旅游景点的个数	0.29
			游客人次	0.32
	红色文化宣讲	0.33	宣讲活动次数	0.54
			宣讲团数量	0.46
	红色文化教育	0.33	教育基地数量	0.23
			教育课程数量	0.27
			专业讲解人员数	0.24
			受教育人次	0.26
	铸牢中华民族共同体意识子系统 "五个认同"	1	对伟大祖国的认同	0.2
			对中华民族的认同	0.2
			对中华文化的认同	0.2
			对中国共产党的认同	0.2
			对中国特色社会主义的认同	0.2

三、百色市红色文化资源与铸牢中华民族共同体意识的耦合协调度分析

(一) 数据来源

基于表7-6所构建的红色文化资源与铸牢中华民族共同体意识系统评估指标体系，以百色市为例分析红色文化资源与铸牢中华民族共同体意识的耦合协调度。关于红色文化子系统各要素层的数据，主要是从百色市文旅局、百色市委宣传部、百色市教育局等政府部门收集而来，部分来自百色市国民经济和社会发展统计公报以及相关公开报道数据。关于铸牢中华民族共同体意识子系统各要素层的数据，主要参考刘金林团队关于2019—2021年百色市那坡县、

靖西市居民"五个认同"调研结果①。在"五个认同"的调研中，通过镇、街道（村）、屯、家庭户四级抽样发放调查问卷，问卷内容包括个人基本信息和"五个认同"两大部分。"五个认同"分为伟大祖国、中华民族、中华文化、中国共产党、中国特色社会主义的认同五个方面，合计49个评价指标。为验证抽样调查数据的科学性和客观性，对调查问卷进行信度和效度检验。

问卷的信度检验采用克隆巴赫（Cronbach's alpha）一致性系数 α 进行检验，计算方式如公式（7-9）所示；问卷的效度检验采用 KMO 检验（因子分析的统计检验）和巴特利特（Bartlett）球性检验，信度和效度检验结果如表7-10、表7-11所示。

$$\alpha = \frac{K}{K-1}\left(1 - \frac{\sum_{i=1}^{K} X_i^2}{S^2}\right) \qquad (7-9)$$

表7-10　　　　　"五个认同"调查问卷的信度检验结果

年份	克隆巴赫 Cronbach's alpha	项数
2019	0.803	49
2020	0.816	49
2021	0.827	49

克隆巴赫一致性系数 α 的取值范围为（0，1），当 $\alpha < 0.7$ 时，问卷内部的一致性信度不足；当 $0.7 \leq \alpha < 0.8$ 时，表示问卷内部具有一定的信度；当 $0.8 \leq \alpha < 1$ 时，表示问卷内部的一致性信度非常好。KMO 统计量取值范围为（0，1），当所有统计量间的简单相关系数平方和远远大于偏相关系数平方和时，KMO 值接近1；KMO 值越接近于1，意味着统计量间的相关性越强，反之亦然。一般地，当 KMO 值大于0.6、Bartlett 球性检验的 P 值小于0.05时，说明调查问卷具有结构效度。因此，由表7-10和表7-11可知，2019—2021年"五个认同"调查问卷的克隆巴赫一致性系数都大于0.8，KMO 值分别为0.784、0.801、0.818，相应的 P 值都是0.000，说明2019—2021年关于百色

---

① 关于"五个认同"的调研数据，部分已公开发表。详见刘金林、马静：《广西中越边境地区居民"五个认同"提升路径研究——语言与国家治理系列研究之四》，《广西民族研究》2021年第6期。

市各族群众的"五个认同"调查问卷数据具有非常好的信度和效度。

表7-11　"五个认同"调查问卷的效度检验结果

年份	效度检验结果		
2019	KMO 取样适切性量数	0.784	
	巴特利特球形度检验	近似卡方	22714.428
		自由度	96
		显著性	0.000
2020	KMO 取样适切性量数	0.801	
	巴特利特球形度检验	近似卡方	23093.518
		自由度	106
		显著性	0.000
2021	KMO 取样适切性量数	0.818	
	巴特利特球形度检验	近似卡方	24480.371
		自由度	120
		显著性	0.000

（二）数据的无量纲化处理

由于不同的评估指标之间数据的计量单位不一致，因此需要对各指标数据进行无量纲化处理，消除不同量纲和量纲单位之间的影响，方便不同评估指标间的比较。运用极差变换法进行数据的无量纲化处理，公式为：

$$L_{ij} = (X_{ij} - \beta_{ij})/(\alpha_{ij} - \beta_{ij}) \tag{7-10}$$

其中，X_{ij}表示第i年第j个指标的实际值，α_{ij}、β_{ij}分别表示i年间第j个指标的最大值和最小值。对原始数据进行无量纲化处理后，红色文化资源子系统和铸牢中华民族共同体意识子系统各评估指标的标准化数据如表7-12所示。

表7-12　红色文化资源与铸牢中华民族共同体意识系统各指标标准化数据

指标	标准化数据		
	2019年	2020年	2021年
旅游收入	0.696	0	1
旅游收入占GDP的比重	5.133	0	0.805
旅游景点的个数	0	0.429	1
游客人次	0.478	0	1

续表

指标	标准化数据		
	2019 年	2020 年	2021 年
宣讲活动次数	0.656	0	1
宣讲团数量	0	0.333	1
教育基地数量	0	0.333	1
教育课程数量	0	0.368	1
专业讲解人员数	0	0.50	1
受教育人次	1.531	0	0.347
对伟大祖国的认同	0	0.523	1
对中华民族的认同	0.621	0	1
对中华文化的认同	1	0	0.083
对中国共产党的认同	0	0.733	1
对中国特色社会主义的认同	0	1	0.140

(三) 耦合度分析

1. 综合序参量

首先，按照功效系数公式（7-1）计算出要素层指标的功效系数。对于功效系数公式中的 α_{ij}、β_{ij} 值，每一个指标的上下限，分别取表 7-12 中三组数据（2019 年、2020 年、2021 年）的最大值和最小值。因此，各指标每年的功效系数如表 7-13 所示。

表 7-13　红色文化资源与铸牢中华民族共同体意识系统各指标功效系数

指标	功效系数		
	2019 年	2020 年	2021 年
旅游收入	0.696	0	1
旅游收入占 GDP 的比重	1	0	0.157
旅游景点的个数	0	0.429	1
游客人次	0.478	0	1
宣讲活动次数	0.656	0	1
宣讲团数量	0	0.333	1
教育基地数量	0	0.333	1
教育课程数量	0	0.368	1

续表

指标	功效系数		
	2019 年	2020 年	2021 年
专业讲解人员数	0	0.50	1
受教育人次	1	0	0.227
对伟大祖国的认同	0	0.523	1
对中华民族的认同	0.621	0	1
对中华文化的认同	1	0	0.083
对中国共产党的认同	0	0.733	1
对中国特色社会主义的认同	0	1	0.140

其次,根据表7-9给出的各指标权重以及表7-13的功效系数,按照序参量公式(7-2),计算出红色文化资源子系统、铸牢中华民族共同体意识子系统的综合序参量值(见表7-14)。红色文化资源子系统在2019—2021年的序参量值分别为0.363、0.191、0.888,铸牢中华民族共同体意识子系统在2019—2021年的序参量值分别为0.324、0.451、0.645,表示2019—2021年这两个子系统对红色文化资源与铸牢中华民族共同体意识总系统有序度的贡献分别为0.363、0.324;0.191、0.451;0.888、0.645。序参量结果表明,红色文化资源子系统对总系统有序度的贡献波动幅度大,2020年出现下降后,在2021年直线暴涨。铸牢中华民族共同体意识子系统对总系统有序度的贡献则呈现逐年增长趋势,但其数值仅有2020年高于红色文化资源子系统。

表7-14　　　　　　　两个子系统的综合序参量

目标层	综合序参量		
	2019 年	2020 年	2021 年
红色文化资源子系统	0.363	0.191	0.888
铸牢中华民族共同体意识子系统	0.324	0.451	0.645

2. 耦合度

根据表7-14的两个子系统综合序参量值,按照红色文化资源与铸牢中华民族共同体意识系统耦合度公式(7-4),可计算出红色文化资源与铸牢中华民族共同体意识系统2019—2021年的耦合度分别为0.998、0.914、0.987。

耦合度值的取值范围为 $C \in [0, 1]$，关于耦合度作用层级的划分，有学者在研究城市化与生态环境耦合度时，将 $0 < C \leq 0.3$ 定义为低耦合、$0.3 < C \leq 0.5$ 定义为颉颃、$0.5 < C \leq 0.8$ 定义为磨合、$0.8 < C \leq 1$ 定义为高耦合（刘耀彬等，2005；汪中华和梁爽，2016；周正柱和汪俊龙，2020）；有学者在研究文化产业和旅游产业的耦合度时，将 $0 < C \leq 0.4$ 定义为萌芽状态、$0.4 < C \leq 0.6$ 定义为起步阶段、$0.6 < C \leq 0.8$ 定义为稳定阶段、$0.8 < C \leq 1$ 定义为成熟阶段（鲍洪杰和王生鹏，2010）；有学者在研究贫困地区公共政策、农业发展与减贫的耦合度时，同样将 $0 < C \leq 0.3$ 定义为低耦合、$0.3 < C \leq 0.5$ 定义为颉颃、$0.5 < C \leq 0.8$ 定义为磨合、$0.8 < C \leq 1$ 定义为高耦合（蒋辉和刘兆阳，2016）。尽管学术界尚未对红色文化资源与铸牢中华民族共同体意识的耦合度进行相关探讨，但参考以上研究成果，耦合度值为 0.998、0.914、0.987，均落在高耦合区间，说明红色文化资源与铸牢中华民族共同体意识处于高耦合态势。这意味着 2019—2021 年，百色市开发和利用红色文化资源与推进铸牢中华民族共同体意识工作之间实现有序发展，开展红色文化旅游、红色文化宣讲及红色文化教育与增强"五个认同"之间相互促进作用显著。但值得注意的是，当各指标数值年度变动不大且取值较小时，计算耦合度有可能出现两个系统发展水平都不高，但相互促进作用较强的伪评价结果情况（唐晓华等，2018）[1]。因此，需要进一步计算红色文化资源子系统与铸牢中华民族共同体意识子系统的耦合协调度，考察两者之间的协调发展水平。

（四）耦合协调度分析

按照耦合协调度公式（7-5），在红色文化资源与铸牢中华民族共同体意识系统中，$T = \gamma S_1 + \mu S_2$。权重系数 γ、μ 的值，取决于红色文化资源和铸牢中华民族共同体意识的关系。在 2021 年中央民族工作会议中，习近平总书记强调，铸牢中华民族共同体意识是新时代党的民族工作的"纲"，所有工作要向此聚焦。鉴于铸牢中华民族共同体意识在民族工作中的主线地位，参考张荣天和焦华富（2015）、蒋辉和刘兆阳（2016）、金钰莹和叶广宇（2019）、张帅等

---

[1] 唐晓华、张欣珏、李阳：《中国制造业与生产性服务业动态协调发展实证研究》，《经济研究》第 53 卷，2018 年 6 月。

(2021) 按元素重要程度赋值的研究成果，将铸牢中华民族共同体意识子系统的系数 μ 设定为 0.8，将红色文化资源子系统的系数 γ 设定为 0.2。据此可计算得到 2019—2021 年系统综合评价指数 T 的值分别为 0.332、0.399、0.693，2019—2021 年红色文化资源与铸牢中华民族共同体意识系统耦合协调度 D 的值分别为 0.578、0.604、0.827（见表 7 – 15）。

表 7 – 15　红色文化资源与铸牢中华民族共同体意识系统耦合协调度

目标	年份	耦合度	综合评价指数	耦合协调度
红色文化资源与铸牢中华民族共同体意识系统	2019	0.998	0.332	0.578
	2020	0.914	0.399	0.604
	2021	0.987	0.693	0.827

耦合协调度 D 的取值范围为 $D \in (0, 1)$，在耦合协调度等级划分上，廖文梅等（2020）在研究脱贫攻坚与乡村振兴耦合协同性时，将 $0 < D < 0.4$、$0.4 \leqslant D < 0.6$、$0.6 \leqslant D < 0.8$、$0.8 \leqslant D < 1$ 分别划分为低度协同、中度协同、高度协同、极度协同[①]。陈晓菲和韩平（2020）、宋长善（2021）等在研究文化产业与旅游产业融合发展时，将 $0 < D < 0.4$、$0.4 \leqslant D < 0.6$、$0.6 \leqslant D < 0.8$、$0.8 \leqslant D < 1$ 分别划分为低度耦合协调、失调 – 协调过度、中度耦合协调、高度耦合协调[②]。廖重斌（1999）、刘定惠和杨永春（2011）、周成等（2016）及李永平（2020）在研究区域经济—生态环境—旅游产业耦合协调发展时，参

---

① 郭俊华和王阳在研究脱贫攻坚同乡村振兴的耦合协同关系时，将耦合协调度等级细分为 10 种：

极度失调	严重失调	中度失调	轻度失调	濒临失调	勉强协调	初级协调	中级协调	良好协调	优质协调
(0.0, 0.1)	[0.1, 0.2)	[0.2, 0.3)	[0.3, 0.4)	[0.4, 0.5)	[0.5, 0.6)	[0.6, 0.7)	[0.7, 0.8)	[0.8, 0.9)	[0.9, 1)

详见郭俊华、王阳：《脱贫攻坚同乡村振兴的耦合协同关系研究——以秦巴山区为例》，《西北民族大学学报（哲学社会科学版）》2020 年第 1 期。

② 刘安乐等将旅游产业与文化产业协调度等级细分为 7 种：

重度失调	中度失调	轻度失调	失调 – 过度阶段	初步协调	良好协调	优质协调
(0, 0.15]	(0.15, 0.25]	(0.25, 045]	(0.45, 0.55]	(0.55, 0.75]	(0.75, 0.85]	(0.85, 1)

详见刘安乐等：《中国文化产业与旅游产业协调态势及其驱动力》，《经济地理》第 40 卷第 6 期，2020 年 6 月。

考廖重斌（1999）①的研究成果，采用"0.10"分割截点法来确定耦合协调度的类型和划分标准，其中 $0.8 \leqslant D < 0.89$、$0.9 \leqslant D < 1$ 分别为良好协调、优质协调。参考学术界采用的"0.10"分割截点法，将红色文化资源与铸牢中华民族共同体意识系统耦合协调度划分为 10 个等级，具体如表 7-16 所示。

表 7-16　　　　　　　　耦合协调度等级划分

取值范围	耦合协调度等级
$0 < D < 0.1$	极度失调
$0.1 \leqslant D < 0.2$	严重失调
$0.2 \leqslant D < 0.3$	中度失调
$0.3 \leqslant D < 0.4$	轻度失调
$0.4 \leqslant D < 0.5$	濒临失调
$0.5 \leqslant D < 0.6$	勉强协调
$0.6 \leqslant D < 0.7$	初级协调
$0.7 \leqslant D < 0.8$	中级协调
$0.8 \leqslant D < 0.9$	良好协调
$0.9 \leqslant D < 1$	优质协调

由表 7-16 可知，2019—2021 年红色文化资源与铸牢中华民族共同体意识系统耦合协调度分别处于勉强协调、初级协调、良好协调阶段（见表 7-17）。这表明近三年来，百色市红色文化资源与铸牢中华民族共同体意识的耦合协调程度逐步增强，两者的良性互动已显现效果。尤其是 2021 年，百色市红色文化资源与铸牢中华民族共同体意识已处于良好协调阶段，耦合协调度值较 2020 年增加了 0.223。究其原因，从原始数据来看，这主要是红色文化资源子系统各项指标数值 2021 年较 2020 年实现了较大幅度的增长，如红色文化旅游收入增长 75.85%、红色文化旅游收入占 GDP 的比重增长 49.73%、游客人次增长 59.17%、红色宣讲活动次数增长 78.53%、受红色教育人次增长 27.21%、红

---

① 廖重斌将环境与经济协调发展等级划分为 10 种：

极度失调	严重失调	中度失调	轻度失调	濒临失调	勉强协调	初级协调	中级协调	良好协调	优质协调
0~0.09	0.10~0.19	0.20~0.29	0.30~0.39	0.40~0.49	0.50~0.59	0.60~0.69	0.70~0.79	0.80~0.89	0.90~1

详见廖重斌：《环境与经济协调发展的定量评判及其分类体系——以珠江三角洲城市群为例》，《热带地理》1999 年第 2 期。

色教育课程数量增长 53.33%。

表 7-17　红色文化资源与铸牢中华民族共同体意识系统耦合协调度等级

目标	年份	耦合协调度值	耦合协调度等级
红色文化资源与铸牢中华民族共同体意识系统	2019	0.578	勉强协调
	2020	0.604	初级协调
	2021	0.827	良好协调

综上所述，基于百色市红色文化资源与铸牢中华民族共同体意识的耦合协调度实证分析，得出以下结论：

其一，红色文化与铸牢中华民族共同体意识具有高度耦合，已形成良性互动模式。耦合度结果表明，红色文化资源与铸牢中华民族共同体意识内部要素之间相互促进作用显著。红色文化资源的经济功能、文化功能、教育功能与"五个认同"具有内在一致性，通过促进红色文化旅游、红色文化宣讲、红色文化教育有助于增强各族群众对伟大祖国、中华民族、中华文化、中国共产党、中国特色社会主义的认同。百色市这个民族地区的红色文化资源，凝聚着各民族以爱国主义为核心的时代精神和以改革创新为核心的时代精神，见证着各民族交往交流交融的团结奋斗史，更能增强各族群众对伟大祖国、中华民族、中华文化、中国共产党、中国特色社会主义的认同。而各族群众对伟大祖国、中华民族、中华文化、中国共产党、中国特色社会主义认同度的增强，又有利于促进红色文化旅游、开展红色文化宣讲、加强红色文化教育。

其二，红色文化与铸牢中华民族共同体意识的协调发展水平有待进一步提高。从实证结果来看，2019—2021 年百色市红色文化资源与铸牢中华民族共同体意识的耦合协调发展水平分别为勉强协调（0.578）、初步协调（0.604）、良好协调（0.827），两者已形成良性互动，在实现自身平稳发展的同时，红色文化资源与铸牢中华民族共同体意识相互促进、相互作用逐渐增强。即百色市通过开发和利用红色文化资源，推进铸牢中华民族共同体意识工作；在推进铸牢中华民族共同体意识的过程中，又保护和传承了红色文化资源。但两者的耦合协调发展水平，距离优质协调阶段（$0.9 \leqslant D < 1$），还有一些差距。需要充分挖掘和利用红色文化资源，进一步铸牢各族群众的中华民族共同意识。

第八章

广西边境地区红色文化资源保护与传承的思路及原则

第一节　红色文化资源融入铸牢中华民族共同体意识的思路

深入贯彻习近平新时代中国特色社会主义思想及习近平总书记关于民族工作的重要论述精神，以新发展理念为指引，以铸牢中华民族共同体意识为主线，落实新时代边境地区发展的总要求，立足于边境地区红色文化资源的特征与优势，构建具有边境地区民族特色的红色文化资源保护与传承的支撑体系，提高边境地区红色文化资源的利用率，最大可能地发挥红色文化所特有的经济价值功能、文化价值功能、思想政治教育价值功能、促进民族团结进步的价值功能，保护好、传承好、发展好边境地区的红色文化资源。边境地区红色文化资源的保护与传承必须要回应多年来片面追求经济利益带来的各种问题，要顺应改革发展新要求、人民群众新期待，用边境地区的红色文化精神引领和推动经济社会的高质量发展，满足边境地区人民对美好生活的需要。通过对边境地区红色文化资源的保护与传承，强化中华民族各民族人民的共同历史文化记忆，增强中华民族各族人民的向心力和凝聚力，鼓舞各族人民共同追求中华民族的伟大复兴。

一、以红色文化资源促进铸牢中华民族共同体意识工作做深做实

红色是中国共产党、中华人民共和国最鲜亮的底色，红色文化资源是中国共产党成长发展和中华民族寻求民族解放、实现伟大复兴进程的历史写照，以外显符号和内在意义形式体现了人们的红色文化记忆（胡继东，2018）。这种红色文化记忆，是中国共产党带领全国各族人民浴血奋战、艰苦奋斗的历史见证，能够有效抵御历史虚无主义，有利于增强各族人民对中国共产党、中华民族的认同；是中国人民宁死不屈、勇起反抗的文化精神的历史沉淀，能够进一步坚定文化自信，有利于增强各族人民对中华文化的认同；是中国共产党领导中华民族实现从站起来、富起来到强起来的伟大飞跃的历史轨迹，能够全面彰显中国特色，有利于增强各族人民对伟大祖国、中国特色社会主义的认同。以红色文化资源为切入点，充分利用红色文化资源的经济价值、文化价值、教育价值推进铸牢中华民族共同体意识工作，通过发展红色文化旅游、开展红色文化宣讲、加强红色文化教育，放大红色文化记忆的符号价值、发挥红色文化记忆的情感效应、强化红色文化记忆的场域体验，不断增强各族人民的"五个认同"，以红色文化资源促进铸牢中华民族共同体意识做深做实。

二、以铸牢中华民族共同体意识工作加强红色文化资源的保护和传承

法国著名社会学家皮埃尔·布迪厄（Pierre Bourdieu）提出的社会实践理论，从"场域""惯习""资本"这三个核心概念阐释了行动者在哪里实践、如何实践、用什么实践的问题。关于"惯习"，布迪厄指出这是人们"外在的内在化"和"内在的外在化"双重过程，即由人们外在实践活动积累的经验会内在为意识去指导人们的行为（宫留记，2009）[①]。杨金香和程东亚（2022）

[①] 布迪厄认为，"惯习来自个人和群体长期的实践活动，一旦经过一定时期的积累，经验就会内化为人们的意识，去指挥和调动个人和群体的行为，成为人的社会行为、生存方式、生活模式、行为策略等行动和精神的强有力的生成机制"。详见宫留记：《布迪厄的社会实践理论》，开封：河南大学出版社，2009年，第148页。

结合布迪厄的社会实践理论，认为这为铸牢中华民族共同体意识从"意识形态—意识生态—意识心态"①的转化过程提供了方向，并基于政治场域、社会场域、教育场域以及经济资本、文化资本、社会资本，提出了铸牢中华民族共同体意识的实践构想。推进铸牢中华民族共同体意识工作这项社会实践，无论是要解决"场域"问题还是"资本"问题，红色文化资源所具备的功能属性都可以更好地满足。发展红色文化旅游，利用红色景区、红色旅游线路为铸牢中华民族共同体意识提供政治场域，将红色文化资源的经济价值转化为经济资本；开展红色文化宣传，利用街道、社区等社会生活基本单元为铸牢中华民族共同体意识提供社会场域，将红色文化资源的文化价值转化为文化资本；加强红色文化教育，利用学校、爱国主义教育基地等为铸牢中华民族共同体意识提供教育场域，将红色文化资源的教育价值转化为教育资本。从这一层面来讲，随着铸牢中华民族共同体意识工作的深入推进，由红色文化资源提供的政治场域、社会场域、教育场域将会不断完善，经济资本、文化资本、社会资本越来越丰富，反过来促进和加强了红色文化资源的保护和传承。

第二节　边境地区红色文化资源保护与传承的基本原则

一、坚持保护与开发相统一

保护与开发，表面上似乎是一对矛盾体，强调保护便会影响开发，但实际并非如此，保护与开发是一对相互促进的有机统一体。红色文化资源的开

---

① 目前对中华民族共同体意识培育所遵循的"国家顶层设计提出意识形态—国家知识精英阐释—传播媒介宣传—强化社会共识—每个人心中形成表征"推进方式，往往会割裂人们行为中"内化于心"与"外化于行"的统一性，使中华民族共同体意识易流于"口头的传唱"。详见杨金香、程东亚：《社会实践理论视域下铸牢中华民族共同体意识实践构想》，《新疆大学学报（哲学·人文社会科学版）》第50卷第1期，2022年1月。

发必须以对其保护为前提，脱离保护的开发利用是不可取的。所以对红色文化资源的开发利用是一种保护性的开发利用，并不是滥开发滥利用。对于红色文化资源来说，将其开发利用为红色文化产品和服务，转化为产业资源和经济价值很重要，但更重要的是将其保护好传承下去，保持红色文化资源的延续性，使其不出现文化断层。"保护是硬道理"，这是人们对红色文化资源普遍持有的一种基本态度。开发利用红色文化资源的目的是满足人民日益增长的对美好生活的需要，服务于人民的生活。所以，开发利用必须与保护传承统一起来，一味地追求暂时的经济利益，对资源造成破坏性开发的做法是不允许的。在开发利用的同时，必须要有保护意识，以保护传承的方式促进开发利用。

二、坚持传承与创新相统一

任何一种文化只有在传承中才能生存、发展并实现其创新。传承是红色文化得以存在的重要条件，是展示中国共产党形象和国家形象，并寻求国家和社会发展的重要方式。红色文化既印记了中国共产党领导各族人民团结奋进的历史，又是新时代宝贵的精神财富，红色文化既承接着历史，又启迪着当下，还昭示着未来。2017年10月，习近平总书记在党的十九大报告中强调，要"推动中华优秀传统文化创造性转化、创新性发展，继承革命文化，发展社会主义先进文化，不忘本来、吸收外来、面向未来，更好构筑中国精神、中国价值、中国力量，为人民提供精神指引"[①]。当前，我们面临百年未有之大变局，国内外环境变化带来的挑战和风险对红色文化的传承提出了更高的要求，红色文化必须紧紧把握时代的脉搏，紧跟时代的步伐，顺应时代发展的要求，将边境地区少数民族的文化与中华民族传统文化、新发展阶段的新发展理念相结合，注重与其他优秀文化的交流互鉴，使之面向世界、走向未来，使之能够适应社会的新发展要求，成为我们实现社会主义现代化和中华民族伟大复兴的精神动力。

---

① 《中国共产党第十九次全国代表大会文件汇编》，北京：人民出版社，2017年，第19页。

三、坚持经济价值与文化价值、社会价值相统一

对于普通的资源来说，开发利用的首要动力与根本目的是通过资源的物态转换，实现其经济价值，追求经济效益。但是红色文化资源是一种珍贵的特殊资源，不仅肩负着实现经济利益的重任，而且更重要的是承载着文化传承、理想信念教育、国家形象塑造、促进社会和谐发展等社会功能。单纯追求经济利益，会造成对红色文化资源的浪费性和破坏性使用，不利于其社会功能的全面发挥。因此，在对红色文化资源的开发利用中，应坚持经济利益与社会利益相统一的原则，既要考虑红色文化资源自身价值的实现，又要兼顾其文化功能和社会功能的全面发挥。在对边境地区的红色文化资源保护与传承中，应兼顾红色文化资源的物质文明需要和精神文明需要，不能把红色文化资源当作拉动经济增长的"摇钱树"，只顾眼前暂时的经济利益，忽视其长远的社会效益。

四、坚持红色传承与理想信念教育、民族团结进步教育相统一

由于边境地区多是少数民族聚居区，肩负着边境安全和民族团结的重要使命。因此，在边境地区的红色文化传承中，应秉持因地制宜的原则，结合多民族聚居的居住格局和环境的特殊地理位置，坚持以铸牢中华民族共同体意识为党的民族工作的主线，将红色教育与边境安全、民族团结进步教育有机结合。

首先，引导各族群众用红色文化中所蕴含的马克思主义唯物辩证方法论分析各种文化思潮、价值观念的本质，持续抓好党史、新中国史、改革开放史、社会主义发展史宣传教育，引导各族群众知史爱党、知史爱国，不断坚定中国特色社会主义共同理想，使各族群众在学习红色文化的过程中树立起正确的国家观、民族观和历史观。

其次，深度挖掘红色事迹和红色历史中各民族的共同的文化符号，强化汉族和少数民族之间、各少数民族之间都互相离不开的共同历史追忆，强化少数民族群众对中华文化、对国家和中国共产党的认同感，以及对中华民族的归属感，通过红色文化教育增强各族群众的向心力和凝聚力，引领并团结各民族群众为实现中华民族伟大复兴的中国梦而团结奋斗。

第三节　广西边境地区红色文化资源融入民族团结进步示范长廊建设

当前，广西正在着力打造"边境地区民族团结进步示范长廊"，以此维护国家统一、民族团结、边境巩固、社会稳定，切实铸牢中华民族共同体意识，实现"建设壮美广西、共圆复兴梦想"的奋斗目标。在这个过程中，红色文化资源可以发挥其独特的作用和价值，为边境地区深入推进民族团结进步的创建增光添彩。

首先，要深刻理解广西边境地区红色文化资源的独特性。广西边境地区的红色文化资源与少数民族休戚相关，有的具有鲜明的民族特性，是边境地区各民族，尤其是少数民族在中国共产党领导下，团结当地各族群众在不同历史时期创造出的物质文化与精神文化的集合。如1930年，邓小平、李明瑞、俞作豫等老一辈革命家领导和发动的龙州起义，其相关文物、遗迹、设施、故事、人物、事件、精神等，承载了中国共产党带领当地各族群众英勇奋斗的光荣历史，真实展现了共产党人和当地各族群众忠贞爱国、无畏生死的革命意志和爱国主义精神。这些红色文化资源是弘扬革命传统和革命文化、加强社会主义精神文明建设、激发爱国热情、振奋民族精神的生动教材，对边境地区广大人民群众具有极强的思想教育意义和政治引领功能。

其次，要充分认识广西边境地区红色文化资源的优势性。广西边境地区的红色文化资源，特别是革命旧址、战斗遗址、先辈故居、烈士陵园、纪念碑园等星罗棋布地分布在边境一线，其中不少处在边境0—30公里范围内。如凭祥市的三处国家级烈士纪念设施，那坡县与滇黔桂边区革命活动相关的系列遗迹，防城区与粤桂边区革命活动相关的系列遗迹等。这些红色文化资源所处的地理位置与"示范长廊"建设的区域范围高度叠合，有些红色文化资源直接嵌入少数民族村屯、社区以及当地民族中学校园内。因此，对红色文化资源的有效利用将会把民族团结进步创建工作的成效进一步引向深入。

最后，要准确把握广西边境地区红色文化资源的国际意义。广西边境地区不乏具有国际实践意义的红色文化资源。如东兴的中越人民革命烈士纪念碑、龙州的中越烈士墓园、靖西的个宝水利工程友谊纪念碑等，无不展现出中越两国人民同生死、共患难的革命友谊。20世纪30—40年代，越南无产阶级革命领袖胡志明和其他越南革命者在广西境内领导了越南的革命斗争，他们在中越边境地区活动了较长的一段时间，留下了大量的革命足迹，如胡志明靖西革命活动旧址、越南共产党驻龙州秘密机关旧址，以及胡志明与那坡、靖西、龙州人民的传奇故事等。这些红色文化资源对巩固两国人民传统友谊、促进世代友好具有积极作用，为边境地区两国各民族人民搭建起民心相通的重要"桥梁"。

基于此，广西在建设"示范长廊"过程中，应将用好红色文化资源与开展民族团结进步教育结合起来，通过出台一批指导性文件、创建一批示范性基地、开发一批文化精品、培育一批宣传能人，不断提升边境地区红色文化资源的利用程度，丰富民族团结进步教育的内容，打造极具特色的边境模范长廊，切实发挥标杆引领作用，实现1+1>2的双赢效果。具体可从以下方面着力：

第一，出台一批"红色文化+民族团结"指导文件。加强顶层设计，从自治区层面指导边境8个县（市、区）出台红色文化资源保护利用办法、民族团结进步创建办法等政策性文件，结合各地实际，将铸牢中华民族共同体意识的主线贯穿其中，将利用好红色文化资源的关键内容纳入其中。建议由地方党委牵头，统筹文旅、党史、退役军人事务、民委等部门，成立会商协调机构，进行总体规划和直接指导，不断提高红色文化资源的保护利用程度，并将促进民族团结作为其重要目的，从而压实民族团结进步教育的主体责任，让边境地区民族团结进步教育更有底气。

第二，创建一批"红色文化+民族团结"示范基地。按照"以点串线、以线促面、以面锻带"的原则，创建一批示范性基地。宏观上，可以红色文化资源密集度相对较高的龙州市、那坡县、东兴市为重点，辐射带动周边5个县（市、区），构建"红色文化+民族团结"教育示范长廊体系。具体来说，一方面可将独立的各级革命文物保护单位、烈士纪念设施、红色纪念场馆等建设为民族团结进步教育示范点；另一方面，精细打造互嵌式的红色文化资源，将其整合进村屯、社区、校园,建设民族团结进步教育示范区,如防城区那良镇那楼村、宁明县寨安乡那练村。从而丰富民族团结进步教育实体,让边境地区民族团结进步教育更接地气。

第三,开发一批"红色文化+民族团结"文化精品。以边境地区各民族,尤其是少数民族在中国共产党领导下,保卫、巩固、建设和发展祖国边疆的历史、人物、故事为依托,以弘扬革命主义精神、爱国主义精神、艰苦奋斗精神为宗旨,开发一批具有现实教育意义的文化精品。如策划少数民族革命文物展览、出版少数民族爱国故事读物、编排少数民族心向党文艺作品、研发民族特色的红色文创产品、开发红色旅游景区和线路等,最大限度地利用好边境地区红色文化资源,实现社会效益与经济效益双丰收。从而拓展民族团结进步教育形式,让边境地区民族团结进步教育更长灵气。

第四,培育一批"红色文化+民族团结"专业人才。积极构建和完善边境地区"红色文化+民族团结"人才体系,要坚持"请进来""派出去"相结合,在引进外来优秀人才的同时,大力培育本土人才。就红色文化而言,一是要着眼培育能挖掘、整理和保护本地红色文化资源的研究型人才;二是要着眼培育能开发、运营和管理本地红色文化资源的应用型人才;三是要着眼培育能解说、展示和传播本地红色文化资源的宣传型人才。同时,还要培育能善用红色文化资源,讲好民族团结鲜活故事的专门型人才。从而夯实民族团结进步教育资本,让边境地区民族团结进步教育更聚人气。

第九章

广西边境地区红色文化资源保护与传承的实践路径及保障体系

第一节 广西边境地区红色文化资源保护与传承的实践路径

一、坚持创新理念：推动边境地区红色文化的创新发展

创新理念是红色文化资源保护和传承的核心与灵魂。红色文化本身具有文化创新功能，是推动社会、政治、经济、文化共同发展的创新途径。在新发展阶段，广西边境地区应顺应时代的新要求，积极探索新的方式和途径带动红色文化的发展和传承。

（一）积极运用现代信息技术，创新红色文化传承的渠道与载体

首先，创新广西边境地区红色文化资源的传承媒介。人类的文化传播古已有之，它与人类社会的形成与发展相伴相随，经历了从最初的人际语言传播到

报刊、广播、电视、互联网等载体的传播,再到今天各种媒介的相互融合传播。传统的报刊、广播、电视传播速度慢、受众范围窄、传播资源的利用率低、传播单向性、传播时效差、传播主体与受众缺乏互动难并且少。随着科学技术的不断发展,各种新旧媒体深度融合,给红色文化的传播带来了新的机遇。红色旅游、红色影视、红色歌舞剧、红色微博、红色电子报刊、红色微信公众号、网站上开设的红色党建专栏、红色手机 APP、红色微课等各种红色教育的新载体解决了传统媒介的不足,使红色传播的效果突出,受众的信息反馈渠道更加通畅和便捷。在全媒体时代,肯取势者可为人先,能谋势者必有所成。在注重传统红色文化线下课堂教育与宣传的同时,还要创新使用现代网络技术发展多平台载体,推动建立线上革命英雄纪念馆,开设红色文化微博、微信公众号和手机 APP 平台,开发红色小程序和小游戏,加强现代网络形态的文化教育基地的建设。使红色文化资源从静态、抽象的知识变得更生动、更具体、更易取得大众认同,增强红色教育的实效。

其次,创新广西边境地区红色文化资源的运用形式。根据时代发展的变化及人民群众对精神文明的新需求,不断对广西边境地区红色文化资源的运用形式进行创新,使红色文化资源能够体现出时代的特征,增强红色文化的感染力与震撼力,使红色文化资源的价值得到进一步升华。旅游自古以来就是一种陶冶情操、增长学识的教育手段,红色旅游是新时代精神文明建设的重要载体,实现了传统教育与现代休闲娱乐方式的有机结合,集娱乐性和趣味性于一体,将枯燥的理论学习转变为丰富生动的亲身体验过程,给人们提供了膜拜、体验和感悟的载体、时空和对象,能够激活、激发人民群众对国家未来发展的信心,引导公众树立正确的价值取向,启发人民群众对中国特色社会主义道路选择的自觉认同。边境地区要充分发挥红色旅游深入浅出、生动活泼、潜移默化、润物无声的特点,使思想道德教育更加生动形象,入耳、入脑、入心,迅速扩大教育的范围,大大增强教育的效果,使旅游者思想情感得到熏陶,精神生活得到充实,理想境界得到升华。红色文化的传承是为了让更多的人,特别是青少年感受到红色文化精神和信念。通过举办红色旅游文化节、红色旅游博览会来发展红色文化产业,将革命纪念、旅游购物、休闲娱乐、文艺表演、会展经营等文化业态融于一体。同时,还要在题材、内容、表现形式上创新红色电影、戏曲、歌舞、文学、工艺品等红色文化的载体，以通俗易懂、喜闻乐见的艺术形式再现革命历史风云和社会主义建设的恢宏画卷。还可以通过广泛开展党团活动、英雄事迹报告会、唱红歌等活动，使红色文化实现从抽象到具体的转化，实现从学理化到生活化的转变，"润物细无声"地感染和鼓舞人民大众够自觉参与其中进行自我教育、融入其中进行自我提高，使人民群众在潜移默化中受到红色文化与社会主义核心价值观的引领，并将红色精神内化于心，外化于行。

（二）创新红色文化发展的内容，增强红色文化的大众性、政治性与民族性

红色文化弘扬与传承的过程也是一个对红色文化不断创新耕植的过程，是对红色文化内在精神不断创新与反思的过程。因此，在经济市场化、全球化背景下，广西边境地区要结合时代要求与时代特征继承创新红色文化的内容，对红色文化的内容进行提炼与加工，推出具有时代意义的红色文化精品，使新生代能更好地理解和接受先辈的思想境界和行为方式，让红色文化展现出永久魅力和时代风采。

第一，广西边境地区红色文化的内容应坚持通俗化、大众化，做到贴近生活、贴近群众、寓教于乐。当前，广西边境地区红色文化的传播内容主要以系统理论为主，对宏观理论表达的方式抽象，措辞古板，无法调动人民群众学习红色文化的兴趣与积极性。因此，要以民族的、时代的、大众化的语言，使传播者与受众者之间拥有基本相同的符号系统和经验系统，使红色文化的内容表达能够通过多样化、立体化、动态化的方式更为通俗易懂地被受众接受，从而实现红色文化传播的最优化。红色文化来源于现实生活世界，并在现实生活世界中不断发展和创新，现实生活世界是红色文化存在和发展的现实土壤与现实根基。所以，红色文化的内容必须来源于人民群众的现实生活，并能解决人民群众在现实生活中的观念困惑，满足人民群众对精神文明的现实需要。离开现实生活世界，红色文化就失去了生存和发展的空间，就是无源之水，无本之木。

第二，红色文化要体现其政治性与严肃性，克服泛娱乐化的现象。红色文化传承的内容应该是与红色文化相关的故事、仪式、符号、记忆、理想、信念、精神等，其内在生命力来自对马克思主义话语学理支撑的探寻，但其内容不仅限于此,还应包含人民群众关注的社会热点、民生问题和百姓故事。红色文化理论工作者在保证红色文化严肃性、政治性的同时,又要使其具有生活性和趣味性,而且还要深度挖掘红色故事中的内涵,避免红色文化仅仅停留在对红色历史故事的简单叙述上,要根据群众的个性化需求创造性地开发红色文化的衍生产品,将红色文化教育与歌曲、戏剧、舞蹈、游戏、影视、小说等相结合,增强红色文化的娱乐性与生活性。

第三,应结合广西边境地区的地域特征与民族特色,创新红色文化内容。在广西边境地区弘扬红色文化时,应着力从当地人民群众所关心的社会热点事件、与当地人民群众关系密切的民生事件、与当地少数民族相关的民族理论与政策中挖掘红色文化所蕴含的马克思主义哲理、崇高的理想信念与强大的精神力量,对边境地区群众生活中遇到的问题给予高度的关注和细致的解答,用红色文化精神解读红色事件的真相,解决群众所关心的民生问题与民族理论政策。要及时完善、更新、充实红色文化的相关内容,增强红色文化的吸引力与影响力。边境地区的红色文化内容中必须注入当地民众情感,才能赢得大众的心理共鸣,才能取得民众对红色文化的认同。

(三) 创新红色文化传承的方式方法,注重传播主体与受众的互动

首先,注重受众的主体性,针对不同群体因材施教。关注广西边境地区受众的知识水平和接受能力,把传统的传播者主体性转变为受众主体性。深入群众,对群众喜欢接受红色文化信息的方式、受众喜欢的红色文化的载体等进行充分调研,分析群众的"使用与满足模式",尽量使用群众所喜欢的红色文化的呈现载体、喜欢接受红色信息的途径与方式进行教育传承。使红色文化更贴近民众生活,更符合民众的实际需求与意愿,更易赢得民众的认同。所以应分析受众特点,抓住受众的心理,增强理论宣传的针对性,在传播渠道和载体的选择、语言的设计、内容的精选上下功夫,满足不同受众的利益需求,激发受众的学习意愿,以提高不同群体对红色文化教育的接受程度。充分利用云计算、大数据分析和了解不同群体的兴趣与需求,根据不同受众群体的差异性有针对性地进行红色文化的宣传。如针对低龄受众者,可以开发动漫说唱歌曲、动漫图书、动漫影视、红色战争游戏、设计红色人物的卡通动漫形象,制作耳熟能详的英雄楷模的卡通动态表情包。针对老年受众者,可以开发红色戏曲、红色歌舞，对少数民族村寨的受众，还可以选择用少数民族语言进行宣传弘扬。

其次，将红色文化传承由单向灌输转为双向互动，把"本本主义"转化为"实践主义"。传播方法要尊重不同受众群体的兴趣和行为喜好，使传播主体和受众之间能够在平等交流对话的基础上达成充分的精神沟通与心理互动。红色文化蕴含的物质和精神文化实质是使其成为主流文化的根本，红色文化的弘扬要充分发挥传播主体的创造性、积极性与主动性，提升人民群众的责任感和使命感，引导民众树立起科学的国家观、历史观、民族观、文化观和宗教观。

二、坚持协调理念：实现红色文化资源各价值功能的协调发展

协调理念是红色文化资源保护与传承的基本方法，协调发展是广西边境地区红色文化资源保护与传承的必由之路。

（一）促进边境地区红色文化与其他产业的协调发展

第一，推动广西边境地区红色文化和教育融合创新。深入挖掘红色文化内涵，以红色文化为基础，以弘扬革命传统、传承红色基因为基底，深入推进红色文化与教育培训的融合发展，大力建设爱国主义教育示范基地、民族团结进步教育基地、中共党史教育基地、革命传统教育基地、廉政教育基地等，为企事业单位党政机关干部、大中小学生等受众群体接受爱国主义教育、民族团结进步教育、党政机关干部警示教育、学习党史、学习党的理论方针政策提供重要的学习载体，通过教育基地将红色文化与教育深度融合。

第二，推进广西边境地区红色文化与乡村振兴协调发展。将边境地区的红色旅游资源与当地的工业资源、农业资源、民俗特色整合开发，指导红色旅游资源丰富的山区与少数民族聚居地所在村屯大力开展红色乡村旅游，深入挖掘当地红色革命文化元素，开办具有浓郁红色气息的农家乐，开展特色种植，让游客能在亲身制作当地特色美食、感受特色民俗风情的同时聆听经典红色故事，感悟红色精神。

第三，推进红色文化与工业的融合发展。广西边境地区可以将红色旅游与工业旅游整合联动发展，利用丰富的工业旅游资源，落实工业遗产文化旅游项

目,加快推进工业文化与红色文化实现融合新发展。如广西柳州市柳工机械股份有限公司旅游景区、上汽通用五菱宝骏基地、螺蛳粉产业园、螺蛳粉小镇等多家4A级工业旅游景区,这些景区充分展现了广西人民艰苦创业、敢为人先、自强不息、实业兴区的顽强精神。

(二) 促进边境地区红色文化与其他文化的协调发展

首先,广西边境地区的红色文化应与中华民族的传统文化、56个民族的民族文化相协调。红色文化是在中华民族传统文化的沃土上发展起来的,汲取了中华五千多年的文明精华,并吸收了汉族和55个少数民族的多元灿烂文化,蕴含着56个民族共同的理想信念与精神内核。可见,红色文化与中华民族的传统文化、与各少数民族文化之间的关系并不是彼此隔离、相互抵触,而是同根同源、相互促进的。因此,红色文化的传承必须紧密结合边境地区的地域文化特色与少数民族的民族文化,如将红色文化用当地少数民族的歌舞来演绎,或者在红色文化中突出当地少数民族的文化特征,使红色文化与中华民族的传统文化、与56个民族的民族文化能够共生共荣,相得益彰。

其次,广西边境地区的红色文化应与现代文化相协调。必须将红色文化与传统文化和现代文明相结合,既结合自身历史渊源,又立足当代实际,将红色文化中所蕴含的历史意义和现实价值赋予其新的时代内涵。红色文化在中国历史发展的每个阶段都传递着各个时代的主题,在当今多元的文化资源中,必须将红色文化置于突出位置,在各种不同文化的相互激荡中与时俱进、协调发展,弘扬红色文化主旋律,保证社会主义文化的时代性与先进性。广西边境地区需要深度挖掘当地红色历史事迹中所内含的现代人所需要的情怀、精神、信念、气质,并对其以现代人的思维、语言、需求进行提炼与升华,使红色文化更贴近现代生产生活方式,更贴合现代人民群众的需求,用大众喜闻乐见的形式解决现代大众在精神层面的困惑,进一步凸显红色文化在当代的作用及价值。

(三) 促进边境地区物质与非物质类红色文化资源的协调发展

红色文化资源可以分为物质形态和精神形态两大类,物质形态的红色文化是在长期革命战争年代所形成的革命文物、文献、文化作品、战争遗址、展览馆、博物馆、纪念地、革命根据地、革命领袖居住旧址故居等。精神形态的红色文化则是物质形态文化所蕴含的精神与价值理念，可以按特性概括为忠诚于党、热爱祖国、热爱人民、敢于斗争、敢于胜利、严守纪律、不怕牺牲、军民团结、无私奉献、艰苦奋斗、勇往直前等精神；也可按红色文化的地点、事件或人物命名，如红船精神、井冈山精神、长征精神、苏区精神、延安精神、红岩精神、西柏坡精神、大庆精神、雷锋精神、铁人精神、女排精神、"两弹一星"精神、抗洪抢险精神、抗震救灾精神、抗疫精神等红色精神及其理想信念。在这两类不同的红色文化资源中，物质形态的红色文化资源是精神形态红色文化资源的载体和依托，而精神形态的红色文化资源是物质形态红色文化资源的内涵与精髓，两者相辅相成，相互促进。在红色文化资源的保护与传承中，红色文化中的物质资源和精神资源必须两手都要抓，两手都要硬。

（四）促进红色文化资源线上与线下的保护传承相协调

首先，红色文化的传承方式应线上线下共同推进。在广西边境地区，有些受众群体依然习惯传统的线下学习方式，为了满足不同群体的爱好与习惯，必须构建线上线下一体化发展的传承体系，坚持多元渗透的传承方式。线下要进一步推进红色文化教育进学校、进机关、进社区、进乡村，在公共场所通过宣传栏、画报、报刊多投放与红色文化相关的宣传，多举办与红色文化相关的艺术表演和知识竞赛，让红色文化能够充分融入人民群众的工作生活。线上要利用微博、微信公众号、手机报、网络直播、网络媒体等受人民群众欢迎的新兴传媒，运用数字、图形、插画、动态图等表现形式把红色内容可视化，将红色文化的理论性与趣味性相结合，使红色文化表现出更强的凝聚力、辐射力、渗透力、感召力。

其次，红色文化资源的保护应实体化与数字化共同推进。红色文化资源的保护不仅是对物态性的历史遗址、故居、物品的实体物质性保护，还应该将其转化为数字信息进行留存保护。对广西边境地区年代久远且难以保存的物质资源，可以采用数字化技术，将物质形态的红色遗址、红色物件、红色文献资料转变为可以永久保存的视频、音频、图像、文字等数据信息。通过数字仿真技术制作出的数字化信息可以全方位真实还原物质形态红色遗址和红色物件，不受时间与空间的限制，随时随处都可以获得身临其境般的体验，接受红色文化的教育，同时，数字化的红色文化资源信息所占空间小，方便群众查询与检索，还可以避免群众对实体红色文化资源与当地生态环境的破坏。

三、坚持绿色理念：实现边境地区红色文化与绿色生态相得益彰

绿色理念是红色文化发展的内在要求。广西边境地区必须践行"两山理论"，发展特色生态红色文化产业，发挥"绿水青山"资源的经济效益，做到"绿水青山"和"金山银山"相得益彰、相互促进。

（一）践行"两山理论"，加强环境教育

广西边境地区有着丰富的山水人文资源和古朴淳厚的民俗民风，但在红色文化资源开发和利用的过程中，有些地方片面追求经济效益，对生态环境造成了一定程度的破坏。生态环境是红色文化资源存在和发展的基础，因此，各地应深入贯彻落实习近平总书记提出的"绿水青山就是金山银山"的"两山理论"，强化生态环境就是资源、生态环境就是资本的意识，着力解决突出环境问题。构建政府主导、全民参与的环境治理体系，依托广西边境地区良好的自然生态，探索出一条具有边境特色、民族特色的绿色崛起之路。广西边境地区应制定和实施全民生态环境科普教育，设立生态环境教育基地，减少一次性消费品的种类和数量，推广绿色和环保标志产品，建设生态农业、生态工业、壮大红色生态旅游，营造绿色人文环境，推进红色文化经济效益与生态效益的双丰收。

（二）将"绿色 GDP"纳入地方政府政绩的考核指标

红色文化资源是一种珍贵的经济资源，在对其开发利用时，应引入绿色 GDP 理念，绿色 GDP 是社会实现全面、协调、可持续发展的内在要求。红色文化的发展在尊重经济规律、社会规律的同时，还必须要尊重自然规律，综合考虑当地经济社会、人口的承受力，考虑当地生态环境的承载力。广西边境地区一些干部将"发展是硬道理"简单地理解为 GDP 的增长，为了眼前短期的政绩，忽视了生态环境带来的长远利益。因此，各地政府必须转变发展观念，把生态环境指标当成考核地方政府政绩的硬性指标，经济、生态、人文等各项指标全面发展，避免因发展经济而造成对红色文化资源和生态环境的破坏。

四、坚持开放理念：推动边境地区红色文化资源面向世界、面向未来

开放理念是广西边境地区红色文化发展的时代特征与时代要求，广西边境地区的红色文化资源在新的时代背景下，不能与世隔绝，也不能故步自封，应该坚持开放，面向世界，走向未来。

（一）推动边境地区红色文化资源面向世界

毛泽东同志指出，"中国应该大量吸收外国的进步文化，作为自己文化食粮的原料"[①]。一种优秀的文化，必须具有强大的包容性，中国共产党所选择的马克思主义其本身就是一种外来的文化思想，是共产党人将其相关理论与本土文化结合后指导中国革命、建设与改革。红色文化本身也是在中华民族传统文化的基础上汲取了革命战争年代、社会主义建设时期及改革开放时期的文化营养，又不断吸收、整合外来优秀文化中的精华而形成的中国特色社会主义先进文化。在经济全球化的当下，全球各地的文化交流日益频繁，彼此间相互融合、相互影响，红色文化资源在保护与传承中应该顺应时代的要求，充分利用网络与信息技术，将红色文化充分展现给世界，让世界认识红色文化、认同中华文化。同时，红色文化资源还应当以开放的姿态对待外来文化，做到大众兼容、中外通融，积极吸纳国内外各种先进文化的精华，古为今用、洋为中用，不断丰富红色文化资源的内涵，增强红色文化资源的包容性与吸引力，提升我国文化软实力，提升我国文化的国际影响力。

（二）推动边境地区红色文化资源走向未来

广西边境地区红色文化资源要实现可持续发展，必须准确地把握住时代前进的方向，时刻保持其与时俱进、包容并蓄的品质。红色文化代表了广大人民群众的根本利益和要求，代表着人民群众的立场，它来源于人民群众，服务于人民群众，这是红色文化的本质。因此，广西边境地区的红色文化要走向未来，必须坚持可持续发展的战略理念，以可持续发展为总的指导性原则，不断创新红色文化的内容，创新红色文化传播传承的渠道与方式，提高新时代红色

---

① 《毛泽东选集》第 2 卷，北京：人民出版社，1991 年，第 706 页。

文化资源的挖掘、保护、传承、开发、利用、再生等能力，使红色文化资源能与时俱进，更具发展的张力，让红色文化资源能够永续利用，造福子孙后代。

五、坚持共享理念：实现红色文化资源的共建共扬共享

共享是红色文化资源保护和传承的根本出发点，也是最终归宿。广西边境地区的红色文化是中华民族各族人民共同创造的，应该由各族人民群众共同保护、传承、弘扬，物质文明与精神文明的成果也应该被中华民族各族人民及海内外所有热爱红色文化的人们所共享。

（一）扩大红色文化资源保护与传承主体与受众的范围

人民群众既是红色文化资源的创造者、传播者、保护者，同时也是红色文化资源的接受者和享有者，在红色文化资源的使用中既有权利又有义务。在媒介融合的新时代背景下，传播的主体与客体之间的分界线越来越模糊且不再重要，人人皆媒体，任何一个人都是信息传播的驱动力，既是红色文化资源的保护与传承者，同时又是享用者。红色文化的保护与传承主体不仅包括政府和企事业单位，还应包括社会群体、民间组织及社会个人等。因此，各地应激发民众保护与传承红色文化资源的积极性，积极鼓励各种社会组织及民众个人主动参与到红色文化资源的保护与传承当中。此外，还要推动红色文化的大众化，使红色文化进社区、进机关、进学校、进企业、进家庭，使红色文化所带来的文化价值功能、经济价值功能、教育价值功能、政治价值功能可以惠及普通民众。

（二）建立海量的红色文化资源基础信息数据库

广西边境地区经济欠发达，交通和通信基础设施相对落后，红色文化资源保护与传承的专业人才匮乏，加之当地专项资金投入不足，使红色文化资源保护与传承的难度进一步加大，许多红色文化资源处于无保护状态。面对如此困境，广西边境地区应借助数字化技术将物质形态的红色文化资源转变为数字化信息，建立起红色文化资源信息数据库。不仅是广西边境地区，全国各地都应当开展全面而深入的红色文化资源普查工作，制定红色文化资源数字化保护的相关数据标准和技术规范，对红色文化资源档案和相关管理资料信息进行数字化采集、标准化整合，并建立起海量的红色文化资源基础信息数据库，使各地的红色文化资源可以互通共享。通过建立红色文化资源基础信息数据库，可以使受众有效地突破时间和空间的限制，将物态的红色文化资源转化为数字信息，做到图、文、声、像并茂，既优化了视听效果，带给人们一种全新的传播体验，使受众如身临其境一般，跨越时空界限，同时又增强了红色文化的感染力，提升了红色文化的辐射力与影响力。

（三）充分利用信息技术与融媒体大力弘扬红色文化

红色文化传承的过程既是一个马克思主义意识形态和价值观不断传承强化的过程，也是一个人们共享优质红色文化资源的过程。21世纪，红色文化只有借助信息和科技才能发挥其应有的价值，实现繁荣可持续发展。信息技术的发展为边境地区红色文化资源的共建共扬共享提供了基础，红色文化资源在经过技术的包装和打造后，更具感染力，更易被大众理解和接受。未来的社会是资源共享的社会，在融媒体时代，广西边境地区可以充分利用各种传播媒介，实现红色文化资源利用的最大化，最大限度地满足人们对红色文化精神与物质上的诉求。同时，通过现代新兴媒体可以把红色文化快速呈现给全世界，让世界在认识红色文化的基础上更进一步了解中国与中国文化，通过弘扬红色文化引导社会舆论，传递中国声音，构建中国文化话语权。

第二节　广西边境地区红色文化资源保护与传承的保障体系

一、完善红色文化资源保护与传承的相关法律制度

（一）完善红色文化资源保护的法律制度

目前，我国只是部分省和地级市制定了红色文化资源保护与传承的相关条例，如省级的有《山西省红色文化遗址保护利用条例》《山东省红色文化保护传承条例》等，市级的有《黄冈市革命遗址遗迹保护条例》《龙岩市红色文化遗存保护条例》《汕尾市革命老区红色资源保护条例》《南京市红色文化资源

保护利用条例》等，而国家层面尚未出台相关的法律制度。地方的保护条例对红色资源的保护、利用和传承等内容界定有所不同。因此，应该大力推进国家在总结地方立法经验的基础上制定国家层面的红色资源保护法，对红色文化资源的具体内容、时间跨度、类型进行权威界定，因地制宜地对不同类型的红色文化资源实施有差异、有针对性的传承和保护，对民族地区的红色文化资源还要做到因少数民族文化制宜；对破坏、损害物态型红色文化资源的行为，曲解和否定历史、丑化和亵渎历史人物等有损精神形态红色文化资源的行为必须进一步细化和强化法律责任。必须通过加强对红色文化资源保护与传承的相关法治建设，突出红色文化资源的保护重点，对红色文化资源进行分层分类分级的保护，并形成长效机制。

（二）加强红色文化传播的网络法制环境建设

我国在互联网信息传播方面的相关法律有 2000 年出台的《互联网信息服务管理办法》，2004 年制定的《互联网等信息网络传播视听节目管理办法》，2006 年发布的《信息网络传播权保护条例》及 2013 年的修订版，但现有制度并不能解决红色文化在实际传播中出现的问题。由于广西边境地区特殊的地理环境与多元性的民族文化与宗教信仰，更应该加强网络法制环境的建设，必须尽快完善网络信息传播与监管制度，并通过网络技术手段控制和屏蔽各种与社会主义核心价值观相违背的错误思想信息的传播，通过完善的制度与技术防控手段防止出现大量的异质信息，推进受众对我国主流文化信息的顺利接收，从而推进社会主义核心价值观的建设。推进红色文化大众化，必须加强立法，严格执法，营造天朗气清、风清气正的网络生态环境。

首先，加强主流意识形态话语权的控制力，把握好红色文化的宣传导向。一个国家的主流价值观直接影响着人民大众的政治判断和政治意识，以及人民大众对世界的认知，国家的主流价值观还主导着社会舆论的发展方向，型塑着人民大众的行为规范。我国是社会主义国家，所以在我国弘扬的必须是社会主义的价值观，必须严格坚持党管媒体的原则，牢记媒体是党和国家的喉舌。因此，我国互联网上的信息发布、信息传播、信息管理必须坚持中国特色社会主义的舆论导向，各级政府和党委组织应该主动担当起网络信息来源和信息传播的"把关人"，切实把控好网络信息传播的舆论导向，维护好国家和人民的利益。

其次，加强对网络的法律监管，确保红色文化信息能够健康有序地传播。边境地区应建立健全网络信息监管机制，构建由政府、网络平台、社会大众（网民）等多方组成的立体多维网络监管体系。对网络媒体上曲解红色文化、否定红色历史、污蔑历史英雄人物的行为，应利用技术手段从信息源头上进行监控把关、严格准入，畅通网络平台上的举报渠道，并加大对不法行为的惩罚力度，从多方面多渠道加强对红色文化信息网络传播的监管。

二、优化边境地区红色文化资源保护与传承的体制机制

（一）建立红色文化资源分级分类保护机制

广西边境地区的政府部门应该组织成立红色文化资源保护与传承的专职主管部门，对当地红色文化资源进行完整的普查摸底、全面梳理，通过史实考证、史料搜集等形式对红色文化资源背后的事迹进行整理汇编，对该资源所蕴含的红色精神内核进行提炼，并在此基础上，将当地红色文化资源的种类、重要级别进行归纳和排序，制定红色文化资源保护目录，建立红色文化资源分级分类保护机制。同时，政府要动员社会组织、民众个体积极参与到红色文化资源的保护与传承中，在体制中明确红色文化资源的保护责任，厘清相关主体的职责，构建起一套适合边境地区的、具有边境特色和民族特色的红色文化资源管理机制。

（二）建立红色文化资源的共保共享机制

广西区级政府牵头成立区域联动组织，由自治区政府统一规划全域红色文化资源的保护与传承。政府在恪守"合作准则"的前提下搭建制度化的红色文化资源保护与传承协同发展平台，畅通各县市之间的沟通渠道，协调各种"正式制度"与"非正式制度"的影响力，构建一个由自治区政府主导的红色文化资源保护与传承的"共同体"，这一共同体应包括政府、企事业单位、社会组织、当地民众、外来访客。政府通过"正式制度"使社会组织、当地民众等非政府主体依法依规加入共同体；非政府主体利用第三方评估、信用评级等公认的"非正式制度"对政府主体的决策行为与权力运行等进行监管约束，使各方主体间的合作行为更加有序规范。通过构建红色文化资源保护与传承共

同体，形成红色文化资源保护与传承主体"协商共建、平等共享"的全新格局，从而推进红色文化资源保护与传承主体结构的多元化、同时也推进红色文化资源的共建共扬共享。

（三）构建红色文化资源互联互通机制

不仅仅是广西边境地区，全国应建立起一套红色文化资源互联互通的区域协调互动制度，破除区域协作、跨省融合的壁垒，实现红色文化资源信息、红色文化资源保护、开发与传承技术、红色文化资源相关人才的全域共享。各地政府应构建起制度化的协同沟通与发展平台，畅通个县市之间、各省（自治区）之间的沟通渠道，统一各地红色文化资源的数字信息采集规范与标准，将各地红色文化资源进行整理整合。在全国范围内建立起省（自治区）、市、县三级会商研究机制，加大各省（自治区）、市、县之间的相互支持力度，做到红色文化资源共保共享，互联互助，形成红色文化资源保护与传承的工作合力，共同推动红色文化的健康可持续发展。

三、加强对边境地区红色文化资源保护与传承的资金投入

（一）确保政府对红色文化资源保护和传承专项资金的动态增长

首先，争取中央对广西边境地区红色文化资源保护和传承资金的投入。中央对地方进行资金投入时，应考虑各地红色文化资源的基本因素、业务因素、绩效因素和财力因素，对财政困难程度系数大的边境地区应该有适当的倾斜。其次，广西边境地区的政府应该加大对当地红色文化资源保护与传承专项资金的投入。广西边境地区应充分整合革命老区转移支付、红色旅游发展专项经费、国家文物保护专项资金等中央资金，做到专款专用，分账核算。最后，各地政府应根据当地实际情况加大对红色文化资源保护与传承的资金投入，自治区级财政、文旅行政主管部门应对当地的红色文化资源的重要性、投资的紧迫性进行排序，按照轻重缓急来决定对红色文化资源投入的资金额和投资顺序。

（二）广泛吸收社会资本与民间资本

积极打造广西边境地区红色文化资源保护利用的多元融资平台，在确保政府红色文化资源传承和保护专项资金动态稳定增长的同时，组建广西边境地区红色资源传承与保护合作基金会，引导企业及其他社会组织积极参与进来，广

泛吸收社会资本和民间资本，积极发挥社会力量，借公众之力，共同促进资金的整合，共同推进红色产业的发展。

四、加强边境地区红色文化的基础设施建设

（一）增强广西边境地区传播媒介的覆盖面

由于广西边境地区的网络通信基础设施相对落后，红色文化资源的传播途径还比较单一，主要依靠传统的宣传画、课堂、歌曲、影视作品来传播，加之受众的文化水平相对偏低，传播效果不太好。有些边境村寨4G网络还未实现全覆盖，2G网络信号也比较微弱，严重制约了当地民生和经济的发展，同时也制约了红色文化资源的传承。广西边境地区必须加快网络通信基础设施建设、数字化基础设施建设，扩大传媒覆盖面，提高红色文化资源的影响力与辐射力。

（二）增强广西边境地区红色景区、红色教育基地的建设

首先，加强对红色旅游路线、红色旅游景区的基础设施建设，推进红色文化与旅游业的融合发展。通过改善基础设施建设来提升红色旅游景区的"造血能力"，吸引更多的游客，推动广西边境地区红色旅游经济的发展。其次，加强广西边境地区红色教育基地的建设，推进红色文化与教育的融合发展。将民族团结进步教育、党史学习教育与红色文化深度融合，充分发挥红色文化资源所具备的教育价值功能，从而提升红色文化的内涵，扩大红色文化的影响力与感召力。

五、加强红色文化资源传承与保护的专业人才队伍建设

（一）强化红色文化资源开发及保护专业人才的培育

广西边境地区保护与传承红色文化资源的专业人才匮乏，各地政府可以对接学校和红色文化研究机构，通过"联合攻关—优势互补—共同培育"的人才培养方式，加强对红色旅游决策规划人才、红色文化资源保护人才、数字化红色产品开发人才、民俗特色红色产品设计及开发人才等红色文化相关专业人才的培育。要进一步完善红色文化资源传承及保护人才培训体系与薪酬体系，优化人才引进机制与激励机制，在激发人才成长的内在驱动力的同时引进一批

高素质复合型专业人才。

（二）提升红色文化资源保护及传承专业人才的政治素养

保护与传承红色文化资源的目的是用红色文化所内含的马克思主义唯物辩证法指导民众分析和解决问题，满足人民群众对精神文明上的诉求，帮助民众树立起科学的国家观、历史观、民族观与文化观，并用红色精神团结引领各族群众为实现中华民族伟大复兴而共同奋斗。从事红色文化理论宣传与红色文化资源保护开发的工作人员，是红色文化的播种者、守护者和传承者，在当今和平年代虽然不用像革命先辈一样用生命来捍卫祖国和民族的尊严，但仍然肩负着重大的政治使命与文化使命。红色文化专职工作人员在具备专业素养的同时，必须具备扎实的马克思主义基本理论功底，具有坚定的政治立场，坚决拥护中国共产党的领导，坚持实事求是的作风，只有具备了良好的政治素养，才能保护和传承好红色文化。因此，广西边境地区应加强对红色文化资源保护与传承工作人员政治素养的培育与提升，工作人员在理论学习的基础上，从广西边境地区红色文化资源的实际出发，注重个人理想与民族理想的有机结合，不断强化自身学习意识、大局意识以及政治责任意识，为中华民族的伟大复兴而努力。

参考文献

著作类

[1]《马克思恩格斯选集》第42卷,北京:人民出版社,1979年。

[2]《马克思恩格斯选集》第44卷,北京:人民出版社,2001年。

[3]《毛泽东选集第2卷》,北京:人民出版社,1991年。

[4]《十八大以来重要文献选编》(上),北京:中央文献出版社,2014年。

[5]《中国共产党第十九次全国代表大会文件汇编》,北京:人民出版社,2017年。

[6] M. 艾森克:《心理学——一条整合的途径》,阎巩固译,上海:华东师范大学出版社,2005年。

[7] 埃里克·霍布斯鲍姆、特伦斯·兰杰:《传统的发明》,顾杭、庞冠群译,南京:译林出版社,2020年。

[8] 艾瑞克·弗洛姆:《弗洛姆著作精选——人性·社会·拯救》,黄颂杰主编,上海:上海人民出版社,1989年。

[9] 艾瑞克·弗洛姆:《孤独的人,现代社会中的异化》,转引自《痛苦中的安乐:马尔库塞,弗洛姆论消费主义》,陈学明、吴松、远东编,云南:云南人民出版社,1998年。

[10] 艾瑞克·弗洛姆:《健全的社会》,欧阳谦译,北京:中国文联出版公司,1988年。

[11] 艾瑞克·弗洛姆:《逃避自由》,陈学明译,北京:工人出版社,

1987年。

［12］艾瑞克·弗洛姆：《有保证收入的心理方面》，转引自《人的呼唤——弗洛姆人道主义文集》，王泽应等译，上海：上海三联书店，1991年。

［13］安东尼·吉登斯：《现代性与自我认同》，赵旭东、方文译，上海：三联书店，1998年。

［14］费孝通：《中华民族多元一体格局》（修订本），北京：中央民族大学出版社，2019年。

［15］格奥尔格·卢卡奇：《历史与阶级意识》，杜章智等译，北京：商务印书馆，1999年。

［16］宫留记：《布迪厄的社会实践理论》，开封：河南大学出版社，2009年。

［17］哈拉尔德·韦尔策：《社会记忆：历史、回忆、传承》，季斌等译，北京：北京大学出版社，2007年。

［18］胡奕爽、童本勤：《红色文化资源保护利用规划策略探讨》，《共享与品质：2018中国城市规划年会论文集》，北京：中国建筑工业出版社，2018年。

［19］克里福德·格尔茨：《文化的解释》，纳日碧力戈等译，上海：上海人民出版社，1999年。

［20］渠长根：《红色文化概论》，北京：红旗出版社，2017年。

［21］渠长根：《马克思主义中国化、大众化语境下的红色文化研究》，北京：中国工商出版社，2013年。

［22］梁文化：《左右江革命根据地红色歌谣》，南宁：广西美术出版社，2009年。

［23］皮埃尔·布迪厄、罗克·华康德：《实践与反思——反思社会学导引》，李孟、李康译，北京：中央编译出版社，1998年。

［24］让·鲍德里亚：《物体系》，林志明译，上海：上海人民出版社，2001年。

［25］让·鲍德里亚：《消费社会》，刘成富等译，南京：南京大学出版社，2001年。

［26］斯图亚特·霍尔：《文化身份与族裔散居》，载于罗刚、刘象愚主编的《文化研究读本》，北京：中国社会科学出版社，2000年。

［27］习近平：《习近平谈治国理政》（第一卷），北京：外文出版社，2014年。

［28］夏之放：《异化的扬弃——〈1844年经济学哲学手稿〉的当代解释》，广州：花城出版社，2000年。

［29］扬·阿斯曼：《文化记忆：早期高级文化中的文字、回忆和政治身份》，金寿福、黄晓晨译，北京：北京大学出版社，2015年。

［30］仰海峰：《走向后马克思，从生产之镜到符号之镜》，北京：中央编译出版社，2004年。

［31］约翰·特纳：《自我归类论》，杨宜音等译，北京：中国人民大学出版社，2011年。

期刊类

［1］包银山、王奇昌：《民族地区高校推进铸牢大学生中华民族共同体意识教育探析》，《民族教育研究》第30卷第4期，2019年8月。

［2］卞成林：《基于红色文化资源建设的马克思主义意识形态创新》，《广西民族大学学报》（哲学社会科学版）第43卷第3期，2021年6月。

［3］陈始发、李立娥、齐耀祖：《红色文化资源研究的历史考察》，《理论视野》2014年第8期。

［4］陈瑛、郎维伟：《中华民族共同体意识与"五个认同"关系再探析》，《北方民族大学学报》2020年第1期。

［5］程功群：《作为仪式课程记忆的红色文化教育——内涵、特征与实践路径》，《教育学术月刊》2021年第8期。

［6］崔高鹏、康绍芳：《教育、社会与文化再生产——布迪厄〈再生产〉导读》，《教育科学研究》2015年第2期。

［7］戴彩虹：《红色文化传承方式也要与时俱进》，《人民论坛》2017年第30期。

［8］邓显超、邓海霞：《十年来国内红色文化概念研究述评》，《井冈山大

学学报》（社会科学版）2016年第1期。

［9］丁仁祥：《红色文化资源的特性与整合》，《红色文化资源研究》第2卷第2期，2016年2月。

［10］董慧、王晓珍：《中华民族共同体意识的基本内涵、现实挑战及铸牢路径》，《中南民族大学学报》（人文社会科学版）第41卷第4期，2021年8月。

［11］董莉、李庆安、林崇德：《心理学视野中的文化认同》，《北京师范大学学报》（社会科学版）2014年第1期。

［12］高承海：《中华民族共同体意识：内涵、意义与铸牢策略》，《西南民族大学学报》（人文社科版）第40卷第12期，2019年12月。

［13］耿琪：《"红色资源"——加强和改进大学生思想政治教育的新亮点》，《吉林商业高等专科学校学报》2006年第2期。

［14］郭俊华、王阳：《脱贫攻坚同乡村振兴的耦合协同关系研究——以秦巴山区为例》，《西北民族大学学报》（哲学社会科学版）2022年第1期。

［15］韩震：《论全球化进程中的多重文化认同》，《求是学刊》2005年第5期。

［16］郝亚明：《论中华民族多元一体格局与中华民族共同体建设》，《湖北民族学院学报》（哲学社会科学版）第37卷第1期，2019年1月。

［17］郝英杰、赵治、王集令：《谈红色影视文化思想政治教育资源的开发》，《中国高等教育》2008年第10期。

［18］何成学：《广西红色旅游扶贫和生态扶贫堪担重任》，《当代广西》2017年第9期。

［19］胡艳霞：《增强语言文化认同，铸牢中华民族共同体意识》，《大连民族大学学报》第22卷第4期，2020年8月。

［20］胡耀南：《百色起义期间的标语研究》，《党史博采》（理论）2012年第1期。

［21］简华春：《右江革命根据地红色歌谣与百色起义精神》，《兰台世界》2011年第23期。

［22］蒋建国：《马克思主义消费文化理论及其当代意蕴》，《马克思主义

研究》2007 年第 3 期。

［23］孔明安：《从物的消费到符号消费——鲍德里亚的消费文化理论研究》，《哲学研究》2002 年 11 月。

［24］李康平：《红色资源研究与高校思想政治教育》，《高校理论战线》2007 年第 6 期。

［25］李克建：《中华民族认同的历史形成：思想基础与认同目标》，《西南民族大学学报》（人文社会科学版）第 34 卷第 12 期，2013 年 12 月。

［26］李林：《试论"复合民族"》，《中央民族学院学报》1986 年第 3 期。

［27］李水弟，傅小清：《红色文化的政治内涵》，《南昌工程学院学报》2008 年第 5 期。

［28］李维军、杨丽：《红色文化增进铸牢中华民族共同体意识的多维向度解析》，《广西民族研究》2020 年第 2 期。

［29］李卫飞等，《红色旅游传承红色记忆的理论逻辑与动态过程》，《自然资源学报》第 36 卷第 11 期，2021 年 11 月。

［30］李霞：《论红色资源的文化价值及其实现》，《求实》2013 年第 3 期。

［31］李宪堂：《"天下观"的逻辑起点与历史生成》，《学术月刊》，第 44 卷第 10 期，2012 年 10 月。

［32］李晓琴、银元、何成军：《新时代红色文化资源的价值重构：驱动、内涵与科学问题》，《西南民族大学学报》（人文社会科学版）第 43 卷第 1 期，2022 年 1 月。

［33］廖国一：《广西红色旅游发展战略研究》，《改革与战略》2005 年第 9 期。

［34］廖重斌：《环境与经济协调发展的定量评判及其分类体系——以珠江三角洲城市群为例》，《热带地理》1999 年第 2 期。

［35］林树良、陶蕊：《全域旅游下红色旅游发展探析———以广西桂林为例》，《经济研究导刊》2018 年第 23 期。

［36］刘安乐等：《中国文化产业与旅游产业协调态势及其驱动力》，《经济地理》第 40 卷第 6 期，2020 年 6 月。

［37］刘建军：《论"时代新人"的科学内涵》，《思想理论教育》2019 年第 2 期。

［38］刘莉、张华金：《红色文化：高校社会主义核心价值观教育的重要资源》，《教育探索》2014 年第 3 期。

［39］刘润佳等：《红色旅游对游客国家认同的影响》，《自然资源学报》第 36 卷第 7 期，2021 年 7 月。

［40］刘润为：《红色文化论》，《文艺理论与批评》2013 年第 4 期。

［41］刘润为：《红色文化与文化自信》，《红旗文稿》2017 年第 12 期。

［42］陆海发：《民族国家视阈下的中华民族共同体建设研究》，《云南民族大学学报》（哲学社会科学版）第 33 卷第 2 期，2016 年 4 月。

［43］陆松增：《红色旅游景区双语语言景观译写规范研究——以广西左右江红色旅游景区为例》，《海外英语》2018 年第 10 期。

［44］陆伟华、邓素媛：《广西红色档案资源的开发应用研究》，《山西档案》2017 年第 1 期。

［45］陆卫明、张敏娜：《铸牢中华民族共同体意识论略》，《贵州民族研究》第 39 卷第 3 期，2018 年 6 月。

［46］罗丽琳、蒲清平：《红色文化的思想政治教育基因及其时代价值》，《新疆师范大学学报》（哲学社会科学版）第 39 卷第 6 期，2018 年 12 月。

［47］吕伟、熊国刘、缪志鹏、姜佩琳：《区域联动视角下民族团结进步创建工作新实践——基于对云南"民族团结进步创建联盟"的研究》，《云南民族大学学报》（哲学社会科学版）第 37 卷，2020 年 6 月。

［48］麻国庆：《费孝通民族研究理论与"合之又合"的中华民族共同性》，《中央民族大学学报》（哲学社会科学版）第 47 卷，2020 年 8 月。

［49］马得勇：《国家认同、爱国主义与民族主义——国外近期实证研究综述》，《世界民族》2012 年第 3 期。

［50］马静：《论红色文化社会治理功能及其实现机理》，《广西社会科学》2016 年第 8 期。

［51］马丽雅：《红色文化遗产资源整合开放的对策思考》，《广西社会科学》2020 年第 7 期。

[52] 彭央华、项波：《利用江西红色文化资源培育大学生民族精神的思考》，《南方冶金学院学报》2003年第6期。

[53] 其鑫、向国华、余雪源：《红色文化资源在培育社会主义核心价值观中的应用》，《江西社会科学》第33卷第10期，2013年10月。

[54] 青觉、徐欣顺：《中华民族共同体意识：概念内涵、要素分析与实践逻辑》，《民族研究》2018年第6期。

[55] 渠长根：《红色文化学科建设刍议》，《红色文化资源研究》2017年第2期。

[56] 任志明、黄淑敏：《消费文化语境中对"红色经典"影视改编的再审视》，《兰州大学学报（社会科学版）》第36卷第6期，2008年12月。

[57] 阮晓菁：《传承发展中华优秀传统文化视域下红色文化资源开发利用研究》，《思想理论教育导刊》2017年第6期。

[58] 佘双好：《深刻理解中国精神在当代中国的特定内涵》，《思想理论教育》2019年第5期。

[59] 沈成飞、连文妹：《论红色文化的内涵、特征及其当代价值》，《教学与研究》2018年第1期。

[60] 沈桂萍：《铸牢中华民族共同体意识是民族工作的核心理念》，《中央社会主义学院学报》2017年第6期。

[61] 史亚博、章钊铭：《广西红色文化资源开发利用的现状与对策》，《经济与社会发展》2018年第6期。

[62] 苏浩：《文明在国际关系中的冲突与合作——从亨廷顿的"文明冲突论"谈起》，《世界历史》1998年第3期。

[63] 隋青、李钟协、孙沭沂、李世强、陈丹洪：《我国民族团结进步创建的实践》，《民族研究》2018年第6期。

[64] 孙秋云：《费孝通"中华民族多元一体格局"理论之我见》，《中南民族大学学报》（人文社会科学版）2006年第2期。

[65] 谭冬发、吴小斌：《"红色资源"与扶贫开发》，《老区建设》2002年第7期。

[66] 谭佳、黄平森：《建设文化强国视域下的红色文化资源整合》，《红

色文化资源研究》第 2 卷第 1 期，2016 年 1 月。

［67］唐碧君：《贵州红色文化传承现状及建设思路》，《改革与开放》2017 年第 20 期。

［68］唐峰陵：《广西红色旅游市场定位与营销策略》，《广西社会科学》2010 年第 12 期。

［69］汪立夏：《红色文化资源在大学生思想政治教育中的价值及实现——以江西省高校红色文化教育进校园为例》，《思想教育研究》2010 年第 7 期。

［70］王成、刘旸：《红色文化传承视域下广西红色旅游资源的保护与开发研究》，《风景名胜》2019 年第 8 期。

［71］王春霞：《红色文化在国家治理现代化视域下的功能发挥》，《思想教育研究》2020 年第 7 期。

［72］王鉴：《中华民族共同体意识的内涵及其构建路径》，《中国民族教育》2018 年第 4 期。

［73］王开琼：《红色文化资源价值与德育功能研究》，《教育现代化》第 3 卷第 24 期，2016 年 12 月。

［74］王明霞：《依托红色文化加强高校思想政治教育新思考》，《广州航海学院学报》2014 年第 3 期。

［75］王延中：《费孝通多元一体格局理论与铸牢中华民族共同体意识——纪念费孝通先生诞辰 110 周年》，《社会发展研究》第 7 卷第 4 期，2020 年 8 月。

［76］王延中：《铸牢中华民族共同体意识建设中华民族共同体》，《民族研究》2018 年第 1 期。

［77］王占斌：《红色文化在铸牢中华民族共同体意识中的价值功用》，《沈阳干部学刊》第 21 卷第 4 期，2019 年 4 月。

［78］王中强：《社会主义核心价值体系建设视域中的红色文化传承与创新》，《山东社会科学》2010 年第 10 期。

［79］魏本权、荆婧：《论文化经济学视域下的中国红色文化产业》，《红色文化学刊》2018 年第 4 期。

[80] 温树峰、吴瑾菁：《2000年以来的红色文化研究综述》，《浙江理工大学学报》（社会科学版）2018年第6期。

[81] 吴清江、戴淑雯：《红色资源开发研究》，《井冈山学院学报》，2009年第2期。

[82] 吴琼：《赣南红色文化传播调查研究》，《吉林教育学院学报》2017年第1期。

[83] 吴太宇：《网络空间红色文化资源传播的理论价值与实践路径》，《郑州大学学报》（哲学社会科学版）第51卷第1期，2018年1月。

[84] 习近平：《用好红色资源，传承好红色基因，把红色江山世世代代传下去》，《求是》2021年第10期。

[85] 夏露：《利用红色文化资源加强党的政治建设研究》，《智库时代》2020年第12期。

[86] 肖发生：《定位与提升："红色资源"的再认识》，《井冈山学院学报》2009年第2期。

[87] 肖发生：《多维视角下的红色文化资源》，《红色文化资源研究》第1卷第1期，2015年1月。

[88] 谢婷、钟林生、黄丽玲：《红色旅游资源的拓展开发模式研究——以广西龙州县为例》，《资源与产业》2006年第5期。

[89] 徐贵耀：《更好实现红色文化资源开发利用》，《唯实》2016年第12期。

[90] 徐永健、李盼：《试论红色文化资源与大学生思想政治教育的内在关联》，《思想教育研究》2016年第12期。

[91] 许纪霖：《作为国族的中华民族何时形成》，《文史哲》2013年第3期。

[92] 许丽：《红色文化资源数字化保护与创新发展路径》，《人民论坛》2021年第1期。

[93] 薛晓源、曹荣湘：《文化资本、文化产品与文化制度——布迪厄之后的文化资本理论》，《马克思主义与现实》2004年第1期。

[94] 闫丽娟、李智勇：《"中华民族共同体意识"的理论渊源探析》，

《广西民族研究》2018 年第 4 期。

［95］严宇、吴敏：《国外民族认同实证研究述略》，《民族论坛》2016 年第 6 期。

［96］阳国亮、凌连新、徐楠楠：《新时代背景下西南民族地区红色旅游与乡村旅游融合发展研究——以广西为例》，《广西民族研究》2020 年第 5 期。

［97］杨建辉：《试论红色文化在建设社会主义核心价值体系中的价值及其实现途径》，《思想理论教育导刊》2010 年第 11 期。

［98］杨金香、程东亚：《社会实践理论视域下铸牢中华民族共同体意识实践构想》，《新疆大学学报》（哲学·人文社会科学版）第 50 卷第 1 期，2022 年 1 月。

［99］杨生平、张慧慧：《亨廷顿"文明冲突论"再评析》，《北京行政学院学报》2009 年第 2 期。

［100］杨舜清：《国内红色文化资源的经济价值研究综述》，《新西部》（理论版）2016 年第 2 期。

［101］杨晓苏：《红色文化价值生成的渊源及其核心价值观探究》，《学校党建与思想教育》2014 年第 17 期。

［102］于春梅、季诗洋、李文睿等：《少数民族红色文化资源的保护和传承》，《理论观察》2018 年第 4 期。

［103］余伟：《红色文化与社会主义核心价值体系：传承与发展》，《江西社会科学》第 32 卷第 1 期，2012 年 1 月。

［104］曾杰：《论红色文化传承中的当代话语转换》，《贵州社会科学》2017 年第 11 期。

［105］曾珍香：《可持续发展协调性分析》，《系统工程理论与实践》2001 年第 3 期。

［106］詹昌建：《切实做好闽西红色文化保护传承工作》，《党建》2018 年第 4 期。

［107］张迪、崔燕：《红色文化旅游资源的挖掘与传播——基于内蒙古红色资源的解读》，《社会科学家》2020 年第 7 期。

［108］张泰城、常胜：《红色文化资源与社会主义核心价值观培育》，《求

实》2016 年第 11 期。

[109] 张文、王艳飞:《红色文化的当代价值及其实现路径》,《人民论坛》2016 年第 23 期。

[110] 张文:《红色文化与共产党人的精神家园培育探究》,《社会科学家》2016 年第 4 期。

[111] 张旭鹏:《文化认同理论与欧洲一体化》,《欧洲研究》2004 年第 4 期。

[112] 张艳霜、郝文杰:《红色旅游、老区脱贫与乡村振兴的耦合发展——以广西大石山区和山西太行山区为例》,《产业与科技论坛》2020 年第 16 期。

[113] 张莹瑞、佐斌:《社会认同理论及其发展》,《心理科学进展》2006 年第 3 期。

[114] 赵超、青觉:《象征的再生产:形塑中华民族共同体意识的一个文化路径》,《中央社会主义学院学报》2018 年第 6 期。

[115] 赵红伟:《论马克思主义视域下中华民族共同体意识的培养》,《黑龙江民族丛刊》2018 年第 1 期。

[116] 郑旺全、赵晓非:《中华民族共同体意识的话语演进与内涵深化——基于"五个认同"建构中华民族共同体意识内涵体系框架》,《民族教育研究》第 32 卷第 2 期,2021 年 4 月。

[117] 周琪、张珊:《论新时代红色文化资源的现实境遇与创新实践》,《重庆社会科学》2020 年第 12 期。

[118] 周献策:《新媒体环境下广西红色文化资源传播路径研究》,《百色学院学报》2017 年第 6 期。

[119] 朱伟珏:《"资本"的一种非经济学解读——布迪厄"文化资本"概念》,《社会科学》2005 年第 6 期。

[120] 邹威华:《族裔散居语境中的"文化身份与文化认同"——以斯图亚特·霍尔为研究对象》,《南京社会科学》2007 年第 2 期。

[121] 邹志娟:《"互联网+农业"视域下广西红色旅游商品精准扶贫路径研究》,《艺海》2020 年第 10 期。

报纸类

[1] 哈正利、杨胜才：《中华民族共同体意识基本内涵探析》，《中国民族报》2017年2月24日，第5版。

[2] 胡昊：《广西壮族自治区百色学院教授徐仁立：红色旅游内涵特点与新时代发展举措》，《中国旅游报》2020年9月11日。

[3] 胡继东：《深化红色记忆的当代价值》，《光明日报》2018年11月12日，第6版。

[4] 金炳镐、余文兵、张娇：《我国民族团结进步实践的内涵、历程和特点》，《中国民族报》2017年8月25日。

[5] 刘润为：《红色文化与中国梦》，《人民日报》2013年11月14日，第7版。

[6] 王琛：《传承和弘扬大别山精神的实践路径》，《河南日报》2020年9月15日。

[7] 王延中：《打牢各民族共有精神家园的思想基础》，《中国民族报》2020年12月11日，第1版。

[8] 习近平：《习近平在中共中央政治局第十八次集体学习时强调：牢记历史经验历史教训历史警示为国家治理能力现代化提供有益借鉴》，《人民日报》2014年10月14日。

[9] 习近平：《以铸牢中华民族共同体意识为主线　推动新时代党的民族工作高质量发展》，《人民日报》2021年8月29日，第1版。

[10] 郑新钰：《加快立法强化管理　保护红色文化资源》，《中国城市报》2021年3年08日。

学位论文类

[1] 李辉：《西方马克思主义消费文化理论研究》，博士学位论文，山东师范大学，2007年。

[2] 汤红兵：《湘鄂西红色文化的形成及开发》，硕士学位论文，华中师范大学，2006年。

[3] 吴笛霜:《桂林红色旅游发展策略研究》,硕士学位论文,西南财经大学,2008年。

外文类

[1] Angus Campbell, The American Voter, New York: John Willey & Sons. 1960.

[2] Chuan Wang, The Integration Practice of Individual Charm of Red Culture and Ideological and Political Education, Review in Psychology Research, vol. 6, no. 1 (January 2019), pp. 17 – 20.

[3] Dan Liang, Application and Innovation of Xinjiang Red Culture in Ideological and Political Theory Course in Colleges, Advances in Higher Education, vol. 5, no. 2 (February 2021), pp. 86 – 88.

[4] Frank Jones, Philip Smith, Diversity and Commonality in National Identities: An Exploratory Analysis of Cross-national Patterns, Journal of Sociology, vol. 37, no. 1 (January 2001), pp. 45 – 63.

[5] Guanglin Xia, A Probe into the Relationship between Jinggangshan Red Culture and Socialist Core Values, International Journal of Social Science and Education Research, vol. 4, no. 1 (January 2021), pp. 45 – 48.

[6] Jihui Liu, On the Educational Path of Integrating Red Culture into College Students´Socialist Core Values, International Journal of Computational and Engineering, vol. 5, no. 2 (February 2020), pp. 33 – 37.

[7] Jim Sidnius, The Interface between Ethnic and National Attachment: Ethnic Pluralism or Ethnic Dominance?, Public Opinion Quarterly, vol. 61, no. 4 (April 1997), pp. 103 – 104.

[8] John E. Transue, Identity Salience, Identity Acceptance, and Racial Policy Attitudes: American National Identity as a Uniting Force, American Journal of Political Science, vol. 51, no. 1 (January 2007), pp. 78 – 91.

[9] Karina Korostelina, The Impact of National Identity on Conflict Behavior: Comparative Analysis of Two Ethnic Minorities in Crimea, International Journal of

Comparative Sociology, vol. 45, no. 3 (March 2004), pp. 213 – 230.

[10] Kwan K L K, Sodowsky G R, Internal and External Ethnic Identity and Their Correlates: A Study of Chinese American Immigrants, Journal of Multicultural Counseling & Development, vol. 25, no. 1 (January 1997), pp. 51 – 67.

[11] Leonie Huddy, Nadia Khatib, American Patriotism, National Identity, and Political Involvement, American Journal of Political Science, vol. 51, no. 5 (May 2007), pp. 75 – 97.

[12] Liwei Zhang, Muhammad Babar Jamil, A Fantasy-Theme Analysis of the Reportage——"The China Diaries-Discovering the New China along the Trail of the Long March" in the Global and Mail, New Media and Mass Communication, vol. 33, no. 2 (February 2015), pp. 56 – 78.

[13] Major Charles C. Duell, The Long March-Victory or Defeat?, Air Command and Staff College, Air University, 1988.

[14] Samuel P. Huntington, The clash of civilization, Foreign Affair, vol. 72, no. 3 (March 1993), pp. 22 – 49.

[15] Siman Wen, Research on the Inheritance and Countermeasures of Hunan Red Culture from the Perspective of Aesthetic Education, Lifelong Education, vol. 9, no. 8 (Augus 2020), pp. 49 – 52.

[16] Tajfel H, Billig M G, Bundy R P, Social categorization and intergroup behavior, Eur. J. soc. Psychol, vol. 58, no. 1 (January 1971), pp. 149 – 178.

[17] Tajfel H, Experiments in Ingroup Discrimination, Scientific American, vol. 223, no. 5 (May 1970), pp. 96 – 102.

[18] Tajfel H, Social Psychology of Intergroup Relations, Annual Review of Psychology, vol. 33, no. 6 (June 1982), pp. 1 – 39.

[19] Yihao Jin, An Analysis of the Optimization of the Path of Integrating Red Culture into the Teaching of Ideological and Political Theory, Advances in Higher Education, vol. 4, no. 7 (July 2020), pp. 52 – 55.

后 记

不忘初心来时路，砥砺奋进新征程。"弘扬以伟大建党精神为源头的中国共产党人精神谱系，用好红色资源，深入开展社会主义核心价值观宣传教育，深化爱国主义、集体主义、社会主义教育，着力培养担当民族复兴大任的时代新人。"党的二十大报告中关于用好红色资源的顶层指导，为本书的进一步完善和下一步研究提供了思路和方向。基于铸牢中华民族共同体意识的实践框架，深化红色文化在理想信念教育方面的功能价值，巩固全党全国各族人民团结奋斗的共同思想基础，增强实现中华民族伟大复兴的精神力量，是红色文化在新征程上焕发时代光芒的应有之义，也是我们当下和未来对政策导向和现实关怀的理性思考和自觉实践。

本书从构思、撰写到出版，前后经历了较长时间。在此期间，研究团队多次前往广西边境8县（市、区）实地调查红色文化的保护与传承情况，尤其是百色市，围绕邓小平等人领导的百色起义和中国工农红军第七军、第八军的行军路线，收集和记录了大量与此相关的红色文化资源，为本书的撰写提供了扎实的一手研究资料。除此之外，研究团队也对广西边境8县（市、区）铸牢中华民族共同体意识实践情况进行了问卷调查和实地走访，获得较为翔实的调研数据。非常感谢在撰稿过程给予指导和帮助的各位专家以及参与调研的老师同学们，也非常感谢中国财政经济出版社为本书出版付出艰辛劳动的各位编辑。由于时间和精力有限，本书无论是在内容的全面性、系统性，还是资料数据的完整性方面，都难免存在疏漏与不足之处，敬请各位专家多提宝贵意见。